Hans Donat
Schiffe aus zweiter Hand

Hans Donat

Schiffe aus zweiter Hand

Kauf und Verkauf

Klasing & Co GmbH

**Folgende im Delius Klasing Verlag erschienenen Bücher
von Hans Donat sind noch lieferbar:**

*Ausbau von Bootsrümpfen
Außenborder auf Yachten
Bootsmotoren – Benzin und Diesel
Dieselmotoren auf Yachten
Klasings Bootsmarkt International
Kleine Boote selbst gebaut
Schiffe aus zweiter Hand
Signaltafeln für die Berufs- und Sportschiffahrt
Tafeln Seemannschaft
Yacht-Bordbuch*

Die Deutsche Bibliothek – CIP-Einheitsaufnahme

Donat, Hans:
Schiffe aus zweiter Hand: Kauf und Verkauf/Hans Donat. –
4. Aufl. – Bielefeld: Klasing, 1993
  (Yacht-Bücherei; Bd. 81)
  ISBN 3-87412-126-7
NE: GT

4. Auflage
ISBN 3-87412-126-7

© Copyright by Klasing & Co. GmbH, Bielefeld
Umschlag: Ekkehard Schonart
Zeichnungen und Fotos: Hans Donat
Printed in Germany 1993
Druck: Kunst- und Werbedruck, Bad Oeynhausen

Inhaltsverzeichnis

Vorwort

Dieses Buch baut im wesentlichen auf zwei Analysen auf, die ich in den letzten Jahren zu diesem Thema gemacht habe. Die eine, um zu untersuchen, wie sinnvoll und realistisch Gebrauchtboot-Listen sind, die andere, indem ich Profis aus der Branche Fragen stellte und diese systematisch auszuwerten versuchte. Ein weiterer Bestandteil sind die mir durch meine über 25jährige Tätigkeit als Chefredakteur von KLASINGS BOOTSMARKT INTERNATIONAL zur Verfügung stehenden Daten.

Wichtigste Erfahrung auf der Suche nach einem gültigen Rezept zur realistischen Schätzung des Bootspreises ist die Tatsache, daß es keine Formel gibt, wie viele annehmen, da das Schiff kein Konsumartikel oder Gebrauchsgegenstand wie das Auto ist.

Wer wissen will, wieviel sein Schiff wert ist, muß sich entweder

● einer nach außen hin häufig unsachlich erscheinenden Schätzung eines mehr oder weniger soliden Gebrauchtboot-Händlers anschließen,

● den Wert von einem Gutachter oder Sachverständigen (nach meist undurchschaubaren Kriterien) schätzen lassen oder

● selbst eine Menge tun, um zu wissen, was das „Traumschiff" wert ist.

Für dieses „selbst eine Menge tun", soll dieses Buch eine Hilfe sein.

● Wenn Ihnen das alles zu kompliziert ist, sollten Sie Seite 131 lesen.

Vorwort zur 4. Auflage

Die erste Auflage dieses Buches war nach weniger als einem Jahr vergriffen, mit der zweiten und dritten Auflage ging es ebenfalls sehr schnell. Weder von seiten der Sachverständigen oder Händler, noch von seiten der Eigner und Käufer wurden schwerwiegende Einwände zum Grundgedanken und dem System des Buches gebracht. Das bestärkt mich in der Annahme, daß ich auf dem richtigen Dampfer bin.

Die Erfahrungen, die ich zum Thema Gebrauchtboot während dieser Zeit gemacht habe, haben dazu geführt, daß ich weitere neue Gedanken in dieses Buch einbringen konnte. Das ist natürlich auch noch nicht der Weisheit letzter Schluß, und es wird auch weiterhin notwendig sein, den Wandel des Bootsmarktes kritisch im Auge zu behalten und die Erfahrungen immer wieder neu einzubringen, doch das sollte dem Ziel dieses Buches nicht im Wege stehen, Ihnen beim Kauf oder Verkauf einer Yacht eine Hilfe zu sein.

Hans Donat

Einführung

Kaum eine Sportart erfordert eine so hohe Investition für das Sportgerät wie das Segeln und Motorbootfahren. Kaum ein Sportgerät verliert so schnell an Wert wie eine Yacht. Das ist einer der Gründe, warum das Gebrauchtbootgeschäft eine so dominierende Stellung im gesamten Yachtmarkt eingenommen hat. 80 % aller Neukäufe zwingen praktisch den Händler, Importeur oder die Werft, ein Gebrauchtboot in Zahlung zu nehmen oder zumindest sehr aktiv den Verkauf zu vermitteln. Doch das ist nur die eine Seite, die andere Seite ist der Verkäufer oder Käufer des Gebrauchtbootes. Der eine will das Boot loswerden, weil er herausgewachsen ist, weil es ihn nicht mehr befriedigt oder weil er es sich nicht mehr leisten kann. Er will möglichst viel Geld bekommen, hängt möglicherweise mit dem Herz immer noch an seinem Schiff und ist kaum in der Lage, den Marktwert objektiv einzuschätzen. Der andere sucht mit Akribie jeden denkbaren Kinken, um den Preis zu senken.

Sehr intensive Analysen zeigen, daß es unbedingt notwendig ist, eine Ebene zu schaffen, ein Maß, an dem sich beide Seiten orientieren können, der eine genauso wie der andere. Es gibt seit Jahren den Versuch von diversen Institutionen, Gebrauchtbootlisten aufzustellen, die den Autolisten nachempfunden sind. Sie haben eine wesentliche Schwäche – alle nennen den Zeitwert, obwohl sie so tun, als handle es sich um den Marktwert. Es ist jedoch noch keinem gelungen, einen soliden „Marktwert" so pauschal in einer Liste für Yachten zu ermitteln. Die Werften wären die richtige Adresse, doch im eigenen Interesse versuchen sie, den Marktwert der selbstproduzierten Yachten möglichst hoch zu halten.

Ich bin nach den bereits erwähnten Analysen dieser ganzen Problematik zu folgendem Ergebnis gelangt: Man kann ca. 80 bis 90 % des Standardkaufpreises (des nackten Schiffes) etwa als Zeitwert (des Schiffes einschl. Ausrüstung) zugrunde legen. Das zeigt der Vergleich vieler Gebrauchtbootpreise und Gebrauchtbootlisten mit den Standardpreisen aus

KLASINGS BOOTSMARKT INTERNATIONAL*.

Das ist weder ein Natur- noch Marktgesetz, sondern reiner Zufall, da die

---

* Europas größter Wassersport-Katalog mit über 3000 Booten und Yachten sowie einem sehr umfangreichen Branchenteil mit über 3000 Adressen.

Wertminderung einer Yacht in der Größenordnung unserer Inflation (Mittel- und Nordeuropa) lag und liegt.

Ich weiß, viele werden sagen: „Soviel Mühe habe ich mir nicht e nmal beim Neukauf gemacht." Antwort: Hätten Sie sich aber machen sollen! Eine Yacht ist erst nach zwei Jahren (Renn- und Schulschiffe ausgenommen) richtig fit. Die Kinderkrankheiten sind weg, Halterungen sind angebracht, die Antriebe sind richtig getrimmt. Sicher muß man einschränkend sagen, daß ein neuer Eigner viele Dinge als Kleinkram betrachtet, den man toleriert. Daß es aber lange dauert, bis man die optimale Stelle z. B. für die Halterung einer Taschenlampe im Niedergang oder das Fernglas am Niedergang gefunden hat, daran denkt man beim Kauf von „fertigen Schiffen" selten. Meines Erachtens ist ein zwei Jahre altes Fahrtenschiff besser als ein neues. Da der Preis gegenüber dem Neupreis um 15−20 % abgefallen ist, macht man im Prinzip den „besten Fang". Es gibt natürlich Sonderfälle, in denen „ein Spezialist" so lange lauert, bis er eine Yacht „günstig schießen" kann. Das ist nicht gerade die vornehme Art, wird aber häufig dann praktiziert, wenn der Eigner enorm unter Druck steht und unbedingt verkaufen will (muß!).

Das Gebrauchtboot-Geschäft besteht aus zwei wesentlichen Größen:
1. Was ist das Schiff wert?
2. Wie finde ich den richtigen Käufer bzw. Verkäufer?

Auf diese beiden Fragen, so hoffe ich, finden Sie auf den folgenden Seiten eine Antwort.

Das Buch ist in drei Hauptabschnitte unterteilt.

Der erste Hauptabschnitt „Preise, Namen, Dollarkurse" versucht, verschiedene Größen für die Beurteilung des Marktwertes einer Yacht zu definieren.

Der zweite Abschnitt „Alter, Zustand, Bauteil-Check" gibt einen Überblick und Tips zur Beurteilung technischer, technologischer und qualitativer Probleme.

Der dritte Teil „Kaufen, verkaufen, Preise schätzen" macht Sie mit den Möglichkeiten vertraut, schnell und zielgenau den richtigen Käufer zu finden und für diesen Augenblick einen realistischen Marktwert zu haben. Das gilt natürlich im umgekehrten Fall auch für Käufer auf der Suche nach dem richtigen Schiff.

Schließlich finden Sie im „Anhang" in großen Zügen die Ergebnisse der Umfrage, die wesentliche Daten zu diesem Buch lieferte.

Eine Checkliste für Ihr Schiff schließt das Buch ab.

1

Preise
Namen
Dollarkurse

Was ist das Schiff wert?

Die Gretchen-Frage des Gebrauchtboot-Geschäfts ist immer:
Welcher Preis kann erzielt werden?
Man kann es drehen und wenden wie man will, viel von Schiffen verstehen
oder gar nichts, Käufer sein oder Eigner – man landet immer bei der
Frage, wieviel ist das Schiff wert.
Das Einfachste wäre eine Gebrauchtbootliste wie beim Auto, in die man
mit dem dicken Daumen geht und sofort weiß, was das Boot wert ist.
Schön wär's. Es funktioniert aber leider bei Booten fast gar nicht. Ein Boot
ist kein Konsumartikel wie ein Auto. Die Stückzahlen von sogenannten
Serienschiffen ab 8 m aufwärts sind so gering, daß sich ein Zeitwert im all-
gemeinen als unrealistisch entpuppt und nur als ein kleines Steinchen in
dem Mosaik Marktwert gesehen werden kann. Hier spielen zu viele Fakto-
ren mit, die sich in einem ganz simplen Degressionsfaktor zur Bestimmung
des Zeitwertes nicht unterbringen lassen.
Folgende Größen sind meines Erachtens, neben einer ständigen Marktbe-
obachtung, für eine realistische Schätzung einer Yacht von Bedeutung:
Zeitwert
Marktwert
Marken-Yacht
Serienyacht
Einzelbau
Selbstbau
Daneben gibt es noch eine Reihe von Einflüssen, die mit dem eigentlichen
Allgemein- oder Pflegezustand des Schiffes nichts zu tun haben. Das sind
Größen wie:
Name des Konstrukteurs
Name der Werft
Styling
Zeitgeist
Motormarke
Rigg-/Segelmacher
Zertifikat
Einsatzart
Material
Marktsituation
Preisniveau ähnlicher Neubauten usw.

Neupreis

Der Kaufpreis des neuen Schiffes setzt den Ausgangspunkt für die Talfahrt des Marktwertes. Das erste Mal an Bord gehen, macht etwa 10 %. Man kann eigentlich sagen, die Unterschrift unter den Kaufvertrag wertet das Schiff bereits um 10 % ab. Das allein macht aber den Kohl noch nicht fett. Zum Standardpreis kommen Extras und jede Menge Ausrüstung, die nochmal so um die 30 % des Bootspreises ausmachen und in dem Augenblick, wo man sie gekauft hat, nur noch die Hälfte wert sind. Das ist aber nicht nur bei Booten so, sondern eine Begleiterscheinung des Neukaufs. In vielen Fällen ist es auch möglich, diese 10 % vom Angebotspreis runterzuhandeln. Doch wer sagt einem, daß das Preisniveau, die Höhe des eigentlichen Neupreises gerechtfertigt ist? Das zu ergründen, macht auch eine ganz genaue Analyse nicht immer klar. Wenn man mal zwei Extremfälle aus dem BOOTSMARKT 1993 herausgreift, so kann man im Bereich der Motoryachten zwischen 11 und 12 m Schiffe zwischen 220000 und 900000 DM finden. Bei Segelbooten ist der Unterschied nicht ganz so gravierend. Im Bereich um 11 m findet man Yachten von 150000 bis 500000 DM. Diese Unterschiede werden zwar geringer, wenn man die Art der Konstruktion, die Größe des Antriebs, die Materialwahl, die Ausstattung und Verarbeitung unter die Lupe nimmt. Wenn einem diese Analyse gelingt, kommt man schon in eine Gegend, wo man die Preiswürdigkeit erahnen kann oder merkt, wer da kräftig hinlangt. Je näher man den Schiffstyp, das Einrichtungskonzept, die Einsatzmöglichkeiten und die Größe des Antriebs eingrenzt, um so kleiner werden die Unterschiede. Es bleiben dann aber immer noch ± 20 %, die man nur sehr schwer beurteilen kann. Denn wenn das Boot erst einmal einige Jahre auf dem Buckel hat, verflachen diese Unterschiede sehr stark.

Kaufpreis

Für den Wiederverkauf ist ein hoher Kaufpreis von Interesse. Wenn es sich aber um eine Yacht handelt, für die sich nach einigen Jahren ein Marktwert ermitteln läßt, ist der Kaufpreis für den Ausgangspunkt einer Degression fast bedeutungslos. Extras schrumpfen ohnehin auf Null, da jeder Käufer argumentiert: Na ja, aber wirklich gebrauchen kann ich es nicht . . . Ich stufe es aber nicht als negativ ein . . . usw.

Allgemeiner Ausgangspunkt ist der Preis (nach Preisliste) im Bau ahr. Das heißt, je weiter man den Listenpreis herunterhandelt, um so geringer ist später der Wertverlust im ersten Jahr. Als Beispiel: Die Yacht X kostet 200000 DM (Listenpreis). Nach 6 Jahren verkaufen Sie das Schiff für 100000 DM. Das heißt, Sie verlieren in 6 Jahren 100000 DM. Wenn Sie aber in der Lage waren, den Kaufpreis z. B. um 10 % zu drücken auf 180000 DM, dann verkaufen Sie Ihr Schiff nach 6 Jahren trotzdem für 100000 DM, Sie haben aber 20000 DM weniger eingebüßt.

Lebensdauer einer Yacht

Wir wissen, daß Holzschiffe gut 100 Jahre alt werden. Das funktioniert mit den modernen Konservierungsmitteln sicher auch bei Stahl und Aluminium. Kunststoff-Yachten schaffen, auch das wissen wir heute, mehr als 30 Jahre. Für alle Materialien gilt, richtige Pflege vorausgesetzt. Realistisch ist das natürlich nicht, da eine Yacht je nach Qualität der Konstruktion, Verarbeitung und Pflege alle 10 bis 15 Jahre einer gründlichen Verjüngungskur unterzogen wird, die die Verhältnisse, bezogen auf den Preis, gründlich verändern kann.
Viele Profis der Bootsbranche — ich eingeschlossen — glaubten vor 10 bis 15 Jahren, es könne wohl nicht mehr lange dauern, bis die ersten Bootsfriedhöfe entstehen würden. Bootsfriedhöfe für Kunststoff-Yachten!
15–20 Jahre schien das Alter für Kunststoff-Schiffe zu werden. Daß dies eine Fehleinschätzung war, zeigte sich in den letzten Jahren durch restlos überfüllte Yachthäfen. Ein neues Boot konnte man nur kaufen, wenn man
● einen Liegeplatz hatte und
● sein „altes" Schiff loswurde.
Das hat sich nach der letzten Wirtschaftsflaute und dem vorübergehenden Erwachen der kommunalen Behörden in den Küstenregionen wieder gege-

13

ben. Es gibt wieder, wenn auch nicht in Fülle, Liegeplätze. Sein „altes" Schiff wird man aber nur schlecht los, es sei denn für einen katastrophal niedrigen Preis.

Was für den Käufer bedeutet: Es hat noch nie so preiswert gute Gebrauchtboote gegeben wie heute.

Doch bleiben wir bei der Lebensdauer. Ich glaube, daß man bei einer Yacht, und damit meine ich Boote so ab 7,50 m aufwärts, mit einer Lebensdauer von 20–30 Jahren rechnen kann. Was dann noch an Marktwert übriggeblieben ist, fängt im Preis schon wieder an zu steigen als Liebhaberobjekt. Das gilt wohl aus heutiger Sicht in erster Linie für Holzschiffe, aber auch solide gebaute Kunststoff- und Metallschiffe haben in Zukunft eine Chance, da mitzuhalten.

Ob eine Yacht 20, 30 oder mehr Jahre aus finanzieller Sicht durchsteht, hängt von vielen Faktoren ab, in erster Linie aber von der Konstruktion und der Qualität der Verarbeitung sowie – und das ist eigentlich gleichberechtigt – dem Umgang mit dem Schiff.

Wie sich einzelne Materialien, bezogen auf die Lebensdauer und Funktionsfähigkeit, verhalten, finden Sie ebenfalls in den folgenden Abschnitten.

Die Grafik zeigt einen Vergleich des Wertverlustes, bezogen auf die unterschiedliche Nutzungsart von normalen Fahrten-, Charter-, Schul- und Rennyachten.

Eine richtig hart gefahrene Rennyacht ist nach wenigen Jahren so weit zerstört, daß sie nur durch eine sehr aufwendige Sanierung, bei der sie in ein normal nutzbares Schiff umgerüstet wird, zu retten ist.

Die Lebensdauer von professionell genutzten Charter- und Schulschiffen liegt irgendwo in der Mitte zwischen dem privaten Fahrtenschiff und dem Rennschiff.

Vom Marktwert her gesehen, kann man die Lebensdauer eines Fahrtenschiffes wohl mit 30 Jahren einsetzen. Es gibt dann sicher in jeder Gruppe eine ganz kleine Minderheit, die man als Oldtimer pflegen und immer wieder so weit restaurieren wird, daß sie als Oldtimer 100 Jahre alt werden. Das bleiben aber Sonderfälle. Der Restwert liegt in der Größenordnung von 15 bis 25 % des Neuwertes.

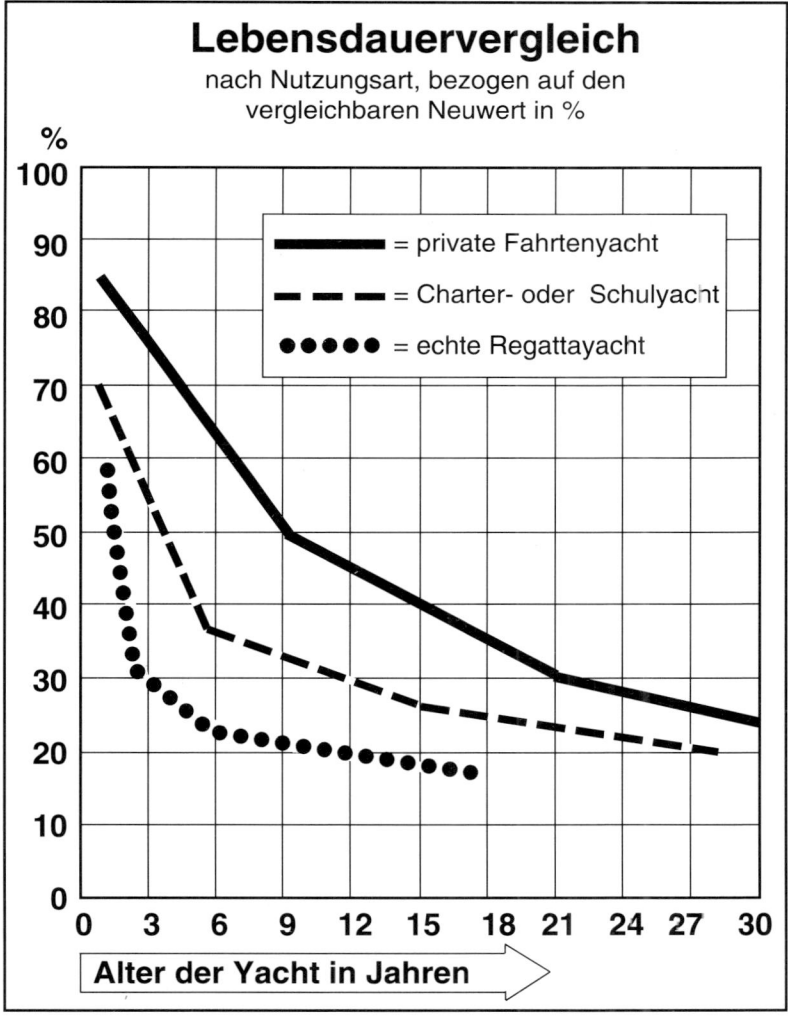

Lebensdauervergleich

nach Nutzungsart, bezogen auf den vergleichbaren Neuwert in %

— = private Fahrtenyacht

- - - = Charter- oder Schulyacht

●●●●● = echte Regattayacht

Alter der Yacht in Jahren

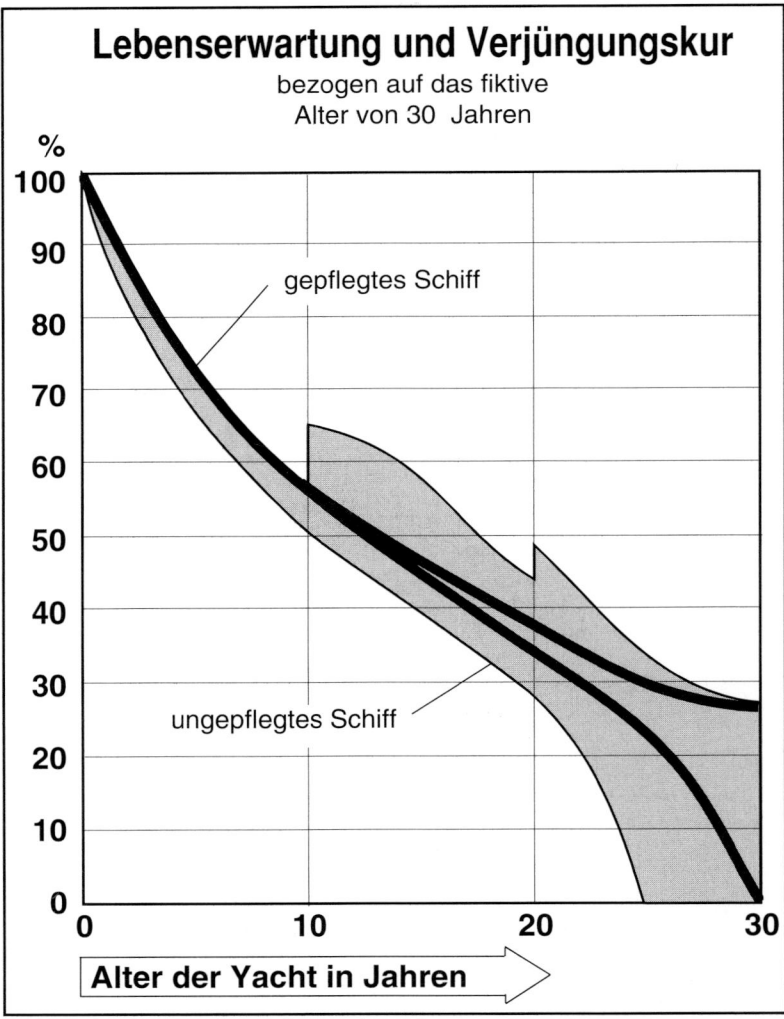

Lebenserwartung und Verjüngungskur
bezogen auf das fiktive
Alter von 30 Jahren

gepflegtes Schiff

ungepflegtes Schiff

Alter der Yacht in Jahren

◀ *Die materielle oder besser gesagt finanzielle Lebensdauer einer Yacht (dick
schwarz). Nach 30 Jahren dürfte der Marktwert einer Yacht jenseits von Gut
und Böse liegen, und nur der eigentliche Oldtimer dürfte dann noch einen ver-
nünftigen Marktwert haben. Das durchschnittliche Serienschiff aber – durchschnittlich gepflegt – dürfte nach 30 Jahren keinen echten Marktwert mehr
besitzen, es sei denn, es wurden die Maschinen erneuert, die Elektronik und
das Schiff irgendwelchen Verjüngungskuren unterzogen. Auf diese Art und
Weise könnte man den Marktwert eines Schiffes sicher in der Gegend von
etwa 20 bis 30 % halten (strichpunktierte Linie). Wenn eine Yacht aber nur
mäßig gepflegt ist, dürfte sie dann nur noch schwer verkäuflich sein.*

*Man kann durch Verjüngungskuren nach etwa 10 bis 15 Jahren auch den
materiellen Wert des Schiffes vorübergehend auffangen, doch liegt der finanzielle Einsatz häufig (eine Frage der Substanz) höher als die objektive Wertsteigerung. Ein gutes Schiff läßt sich nach einer „Generalüberholung" in der
Größenordnung von 1 bis 2 % des Bootspreises sicher um 5 bis 10 % besser
verkaufen. Die Faktoren, die die Lebensdauer eines Schiffes bestimmen, sind
im weitesten Sinne auch die Faktoren, die den Marktwert eines Schiffes fixie-
ren.*

*Das graue Feld unter der dicken „Lebenslinie" deutet den Wertverlust in unge-
pflegtem Zustand an. Wenn noch ein Verarbeitungsmangel vorhanden ist, der
bei guter Pflege und Oberflächen-Kosmetik nach 8 bis 10 Jahren noch kaum
auffallen würde, so wirkt er sich bei mangelnder Pflege besonders negativ
aus, und die Yacht altert „sichtbar" schneller.*

Zeit- und Degressionswert

Als Zeitwert betrachtet man den Wert einer Yacht, der sich aus dem Alter
ergibt, ohne andere Aspekte zu berücksichtigen. Das heißt, der Marktwert
und Allgemeinzustand des Schiffes werden nicht berücksichtigt. Man legt
einen Degressionsfaktor nach bestimmten Kriterien fest und multipliziert
diesen schlicht und einfach mit dem „Neupreis". Diese Art, Gebrauchtboote vom Preis her einzustufen, ist Grundlage der meisten Gebrauchtboot-Listen. Wenn man Glück hat, wird in der Liste für jede Werft ein
eigener Abwertungsfaktor eingeführt, doch es entsteht die Frage, wer legt
sie fest, welche Zahlen werden zur Grundlage genommen? Fragen, die

sicher nicht leicht zu beantworten sind, und ich werde im Abschnitt „Gebrauchtboot-Listen" noch einmal darauf eingehen.
Der Degressionswert ist meist Resultat von Erfahrungen. Das Maß und die Art der eingebrachten Erfahrung entscheiden über seine Qualität. Ich habe deshalb versucht, aus einem durchaus repräsentativen Querschnitt von Sachverständigen, Werften, Konstrukteuren, Händlern und einer großen Zahl von Eignern und Käufern, einen solchen Faktor herauszufiltern. Das Ergebnis sehen Sie rechts. Den daraus abgeleiteten Degressionsfaktor zur Ermittlung des theoretischen Marktwertes finden Sie auf Seite 112.
Überbewerten darf man Zeitwert und Degressionsfaktor nicht, besonders dann, wenn nicht genug Marktdaten berücksichtigt sind, wie Entwicklung der Währungen zueinander, Inflation, relativer Preisanstieg der Yachten, allgemeine Marktsituation und vieles mehr. Nur ständige Marktbeobachtung und allergrößte Sorgfalt können verhindern, nicht in Scharlatanerie abzugleiten.

Die Grafik zeigt je ein Feld für die Abwertung des Neupreises von Segel- und ▶
Motoryachten für 10 Jahre. Dieses Feld repräsentiert 30 Antworten von Profis
auf die Frage nach dem Zeitwert einer Yacht.
Wenn man jetzt noch die Streuung von ± 25 % für guten bzw. schlechten
Pflegezustand einbezieht, sehen Sie, wie fragwürdig ein Zeitwert sein kann,
ganz zu schweigen von den Schwierigkeiten, die schon bei der Einschätzung
des Neuwertes nicht mehr gebauter Yachten entstehen. Fest steht aber wohl
auch, daß sich dieser Zeitwert bei vielen Yachten als erste Orientierung zur
Wertbestimmung einsetzen läßt. Somit liegt nach 10 Jahren der Wert einer
Yacht irgendwo zwischen 30 und 50 % des aktuellen Neupreises mit einer
Streuung von ± 25 % für den Zustand der Yacht. Die rechte senkrechte Skala
nennt den Degressionsfaktor, bezogen auf den aktuellen Neupreis.
Neupreis multipliziert mit dem Degressionsfaktor ergibt den Zeitwert.
Diese Werte von immerhin 30 Firmen aus der Branche liegen wesentlich höher
als die üblichen Degressionswerte der meisten Gebrauchtboot-Listen.
Da die Preissteigerung in den letzten 10 Jahren je nach Bootsart um 70 bis
100 % betrug, sind diese immer wieder auftauchenden Gebrauchtbootlisten
für einen Käufer ein sehr interessantes Bild, aber für den verkaufenden Eigner
so katastrophal, daß viele ihr Schiff lieber länger fahren, bevor sie es verschenken, was den Stau auf dem Markt noch vergrößert. Das Bild verändert
sich aber bei steigender Inflation sehr radikal.

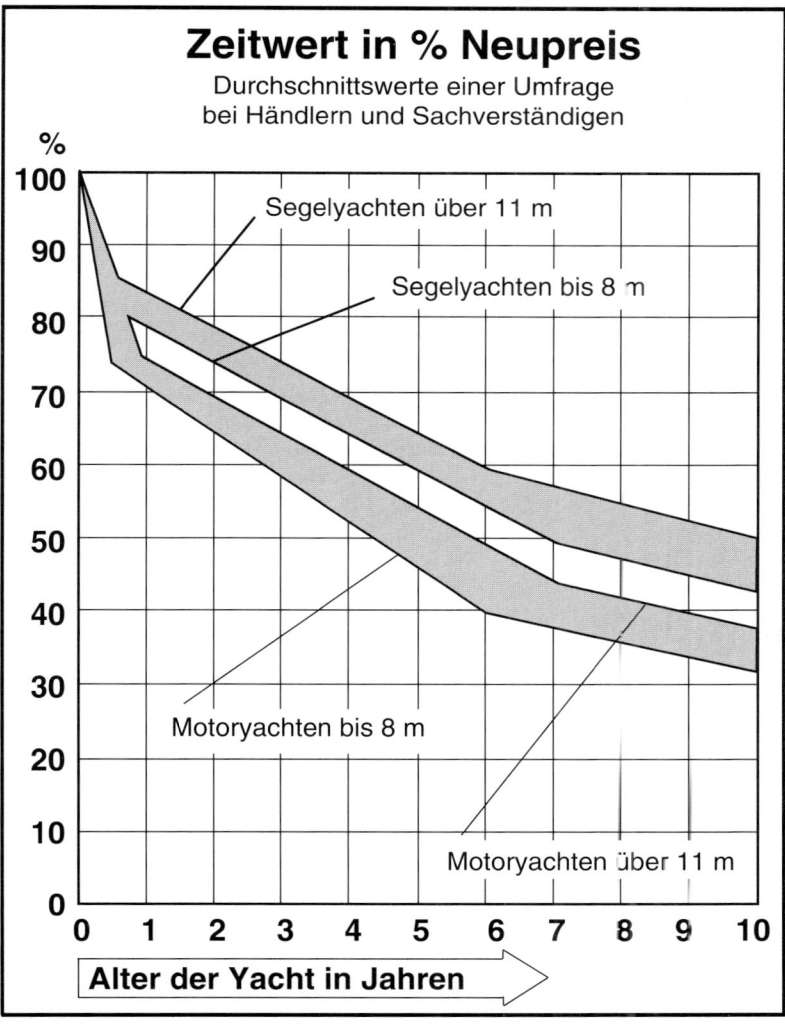

Zeitwert in % Neupreis

Durchschnittswerte einer Umfrage
bei Händlern und Sachverständigen

Segelyachten über 11 m

Segelyachten bis 8 m

Motoryachten bis 8 m

Motoryachten über 11 m

Alter der Yacht in Jahren

Marktwert

Der Marktwert ist sehr leicht zu beschreiben, aber schwer zu ermitteln. Marktwert – das ist schlicht der Wert eines Schiffes, der auf dem Markt zu erzielen ist. Er unterliegt Dutzenden von Einflußgrößen, ja sogar dem Wetter. Die Bedeutung dieser Einflußgrößen hängt vom Alter der Yacht, der Wirtschaftslage, dem Währungsgefüge und dem Zeitgeist ab.

Es gibt Perioden, da sind bestimmte Bootskategorien einfach „in". Plötzlich verlieren sie ihre Bedeutung, und die Interessentengruppe schrumpft auf eine Minderheit zusammen. Die Folge ist ein schlagartiges Absacken des finanziellen Wertes – des Marktwertes.

Ein weiteres Beispiel aus realeren Bereichen der Preisentwicklung soll dieses schwer faßbare Gebilde „Marktwert" charakterisieren:

Vor 10 bis 15 Jahren kostete eine 10 m lange, gut verarbeitete Segelyacht ca. 150000 DM (Standardpreis). Anfang der 80er Jahre begann eine Invasion von „Billig-Yachten", die schlagartig den Preis gebrauchter Boote ähnlicher Größe und Art auf die Hälfte ihres Marktwertes herunterdrückten. Viele Interessierte sagten sich, warum 90000 DM für ein 5–6 Jahre altes Schiff, wenn man dafür auch ein neues bekommen kann. Sicher ist diese Schilderung nicht differenziert genug, das wird man auch nie zur Zufriedenheit aller schaffen, da auch hier Kriterien eine Rolle spielen, die im Weltanschauungen zu vergleichen sind, wie z. B. Lateralfläche, spezifische Verdrängung, räumlicher Komfort, Preiskosmetik usw.

Ich habe auch „Billig-Yachten" in Anführungsstriche gesetzt, um zu dokumentieren, daß ich sie keineswegs für minderwertig, sondern eher für größtenteils moderne, schnelle, aber eben preiswerte Yachten halte, die zumindest in diesem Bereich ein neues Zeitalter mit sich brachten. Übrig bleibt die Tatsache, daß diese Flut von Preisbrechern auch die Gebrauchtboot-Landschaft, und das heißt den Marktwert ähnlicher Yachten, stark beeinflußt haben. Der Standardpreis dieser Yachten bedarf meist einer ganz genauen Untersuchung, um ihn zum Vergleich heranzuziehen.

Die Grafik zeigt einen Versuch, den tatsächlichen Marktwert eines Gebraucht- ▶
bootes zu ermitteln.
Auf der Nullinie (BJ) sind die Werte für Ihr Schiff eingetragen. Bei 100 % der
theoretische Neupreis (oder der existierende Neupreis) und weiter unten der

theoretische Marktwert von Seite 111. Jetzt versuchen Sie, in den Kleinanzeigenteilen der Bootszeitschriften gleiche Bootstypen oder ähnliche Bootstypen mit entsprechenden Preisen und Baujahren zu finden. In Richtung minus tragen Sie die Preise von Schiffen ein, die ein älteres Baujahr haben, auf der Plus-Seite die Schiffe, die jünger sind. Auf diese Weise bekommen Sie eine Anhäufung von Punkten, aus denen sich recht gut ersehen läßt, wo Sie mit Ihrem Preis liegen. Für Ihr Angebot können Sie ihn dann entsprechend verschieben.
Sieht das Ergebnis wie in der Grafik aus, kann der Angebotspreis erhöht werden. Um nicht in % rechnen zu müssen, können Sie die rechte Skala in DM aufteilen.

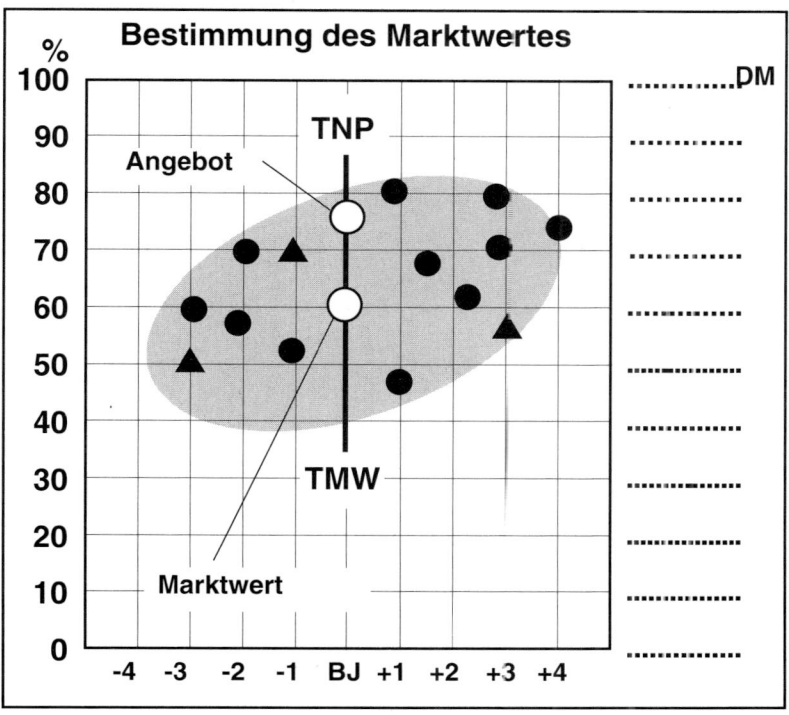

21

Gebrauchtboot-Listen

Zur Zeit gibt es hierzulande drei Gebrauchtbootlisten, die unterschiedlichen Philosophien folgen.

Die wohl vollständigste und allgemein anerkannte ist die Yacht-Schwacke, die 15 Jahre zurückgeht.

Die BWVS (Interessenverband der Hersteller und Händler) gibt die BOO-TAX heraus, eine Liste, die dem Händlerwunsch angepaßt ist, mit einem möglichst geringen Einkaufspreis viel Profit zu machen.

Eine weitere Liste (nur für Motorboote) kommt von der Zeitschrift BOOTE. Sie ist ebenfalls auf 10 Jahre begrenzt und nennt wie die BWVS-Liste bestenfalls einen schlechten Zeitwert. Beide behaupten zwar, es handele sich um Daten aus Marktbeobachtung, was man schlecht widerlegen kann. Die Frage ist eben, wo und wie der Markt beobachtet wurde.

Die Listen haben noch weitere Schwächen. So wird zum Beispiel der letzte Neupreis eines nicht mehr gebauten Bootes unverändert als Berechnungsgrundlage in die Liste gesetzt, als ob es keine Inflation, keine technologische Veränderung und keine Verschiebung der Währungen gebe.

Auszug aus der YACHT-Schwacke 1993. Bei der Betrachtung der Werte wird ▶
deutlich, daß die 10 Jahre der anderen Listen ein wesentlicher Nachteil sind.
15 Jahre wie hier sind für eine Gebrauchtbootliste wichtig. Schon jetzt fehlen
in den anderen Listen Schiffe wie die Optima 92, Delanta 75 und die Varianta.

Fortsetzung CUMULANT/HJB

Bootsname	L	B	V	S	MA / kW	1992	1991	1990	1989	1988	1987	1986	1985	1984	1983	1982	1981	1980	1979	1978
Cumulant HJB 36 C	10.85	3.17	8.4	64.0	D / 33.6	—	—	—	—	150500	145600	138500	131500	126600	121800	117100	—	—	—	—
Cumulant HJB 361	10.95	3.24	8.5	70.0	D / 34.0	—	—	—	—	—	—	—	—	118500	114000	—	—	—	—	—
Cumulant HJB 36 F	11.05	3.28	8.8	72.0	DL / 20.0	—	—	—	162600	150900	145900	138800	131800	—	—	—	—	—	—	—
Cumulant HJB 37	11.15	3.17	8.6	64.0	D / 16.0	—	—	—	—	—	—	—	117600	113300	109000	1047□	100500	963□	94000	91800
Cumulant 38	11.40	3.26	9.2	78.0	D / 36.7	—	—	—	—	—	—	—	—	—	—	—	127600	1223□	119400	—
Cumulant HJB 38 F	11.55	3.26	9.5	80.0	D / 46.0	—	—	201000	186500	180400	171600	162900	156900	151000	1451□	—	—	—	—	—
Cumulant HJB 41 F	12.50	4.10	10.0	94.0	D / 33.0	—	—	269700	—	—	—	—	—	—	—	—	—	—	—	—
Cumulant HJB 44 F	13.20	4.10	10.9	86.0	D / 43.6	—	—	321500	—	—	—	—	—	—	—	—	—	—	—	—
Cumulant HJB 50 F	15.18	4.50	24.0	114.0	D / 96.0	—	—	700400	650500	629200	598600	568100	—	—	—	—	—	—	—	—

Danboat (DK)

Bootsname	L	B	V	S	MA / kW	1992	1991	1990	1989	1988	1987	1986	1985	1984	1983	1982	1981	1980	1979	1978
Danboat 18	5.65	1.93	0.6	13.8	A / 1.8	—	—	—	—	—	—	—	—	—	—	—	—	—	8100	7900
Danboat 24	7.38	2.36	1.5	20.0	E / 6.0	—	—	—	—	—	—	—	—	—	20700	19900	19100	18400	18000	17600
Vikingkryssaren	7.41	2.40	2.0	21.2	DL / 7.0	—	—	—	—	—	27700	26400	25400	24500	23600	22700	218●0	21300	20800
Danboat 29	8.83	2.52	3.5	31.0	D / 7.0	—	—	—	—	—	—	—	—	—	34100	32800	31500	303●0	—	—

Danish Yacht (DK)

Bootsname	L	B	V	S	MA / kW	1992	1991	1990	1989	1988	1987	1986	1985	1984	1983	1982	1981	1980	1979	1978
Mascot 20	6.05	2.15	1.2	17.5	A / 4.8	—	—	—	—	—	—	—	23600	22700	21800	20900	201●0	19600	19100
Solus 24	7.38	2.44	1.7	24.0	AE / 5.0	—	—	—	—	—	—	—	21100	20300	195●0	18700	179●0	17500	17100
Venus 31	9.38	3.28	5.0	42.0	D / 27.0	—	—	—	—	87900	85100	80900	76●00	74000	71200	684●0	65600	629●0	61400	60000

Dantec Marine (DK)

Bootsname	L	B	V	S	MA / kW	1992	1991	1990	1989	1988	1987	1986	1985	1984	1983	1982	1981	1980	1979	1978
Boheme la Grande	8.10	2.95	2.2	35.0	D / 10.0	—	—	—	—	—	—	—	—	—	—	20600	19800	19000	18500	18100
Boheme 870	8.70	2.95	2.2	35.0	D / 10.0	—	—	—	—	—	—	—	30400	29200	281.0	27000	—	—	—	—
Boheme 10 Meter	10.25	2.50	2.3	36.0	D / 9.2	—	—	—	—	—	—	—	—	—	36100	34E□0	33800	—	—	—

Dehler Yachtbau (D)

Bootsname	L	B	V	S	MA / kW	1992	1991	1990	1989	1988	1987	1986	1985	1984	1983	1982	1981	1980	1979	1978
Varianta 65	6.50	2.10	0.7	22.1	A / 2.1	—	—	—	—	—	—	—	—	15700	15100	14E□0	14000	134□0	13100	12800
Dehlya 22	6.60	2.40	0.7	26.0	A / 2.1	18100	15900	14100	12600	11000	10600	10100	9600	9300	—	—	—	—	—	—
Dehler 22	6.60	2.40	1.0	22.0	A /	20800	19100	—	—	—	—	—	—	—	—	—	—	—	—	—
Sprinta 70	7.00	2.45	1.3	27.2	A / 3.8	—	—	—	—	—	—	—	—	21600	20900	20700	1930C	18800	18100	17700
Sprinta D	7.00	2.40	1.2	28.0	AD / 4.8	—	—	—	—	—	—	—	—	—	17600	17000	16300	15●00	15200	—
Sprinta-Sport	7.00	2.40	1.1	29.0	A / 3.3	40900	36800	33300	30400	27300	26400	25100	25800	22900	22100	21300	2040C	19800	19000	18600
Delanta 75	7.50	2.48	1.5	30.0	AE / 4.5	—	—	—	—	—	—	—	—	25300	24100	2280C	21●00	20800	20000	—
Dehler 25	7.60	2.50	1.4	25.8	AE / 4.2	—	—	21200	19800	19200	18300	17400	16800	16100	—	—	—	—	—	—
Dehler 25 HS	7.60	2.50	1.4	23.0	AE / 5.6	—	—	—	—	—	—	—	26800	25800	24900	—	—	—	—	—
Dehlya 25	7.60	2.50	1.2	31.0	A / 3.6	20500	18900	17500	16300	15000	14500	13800	13100	—	—	—	—	—	—	—
Delanta 76	7.60	2.48	1.5	30.1	B / 7.0	—	—	—	—	—	—	—	—	—	—	—	—	—	—	27700
Delanta 78	7.80	2.48	2.3	32.0	D / 9.2	—	—	—	—	—	—	—	32100	31000	29900	28700	2760C	26●00	—	—
Delanta 80	8.00	2.48	1.5	30.0	E / 6.0	—	—	—	—	—	—	—	—	36500	35200	33●00	32700	31●00	30800	30200
Dehler 28	8.50	2.80	2.6	38.0	D / 7.2	58100	54000	50500	47600	44200	42800	—	—	—	—	—	—	—	—	—
Dehler 28 S	8.50	2.80	2.6	38.0	DS /	48600	44800	—	—	—	—	—	—	—	—	—	—	—	—	—
Duetta 86	8.60	2.90	3.0	45.6	D / 7.0	—	—	—	—	—	—	46100	43800	42300	40700	39●00	3770●	36●00	35300	—
Optima 92	9.20	3.00	4.2	49.0	DS / 16.8	74700	67400	61300	56200	—	—	—	—	62500	60200	58300	5570●	53●00	52300	51100
Dehler 31	9.40	3.05	3.5	54.0	D / 6.0	—	—	—	61700	57700	55900	53200	53600	—	—	—	—	—	—	—
Duetta 94/Dehler 31	9.40	3.05	3.2	54.0	DL / 6.7	—	—	—	—	—	94300	90000	85700	82900	80000	77300	7430●	71●00	70000	68600
Optima 98 G/GS/AS	9.80	3.00	4.0	50.0	D / 21.0	—	—	—	—	—	—	—	—	40900	39400	37300	3630●	—	—	—
db 1	10.10	3.40	3.3	63.0	D / 12.0	—	—	—	—	—	—	—	—	74100	71400	68700	—	—	—	—
Dehler 34	10.10	3.40	4.2	61.0	D / 16.8	90900	83600	77500	72500	66600	—	—	—	—	—	—	—	—	—	—
Dehler 34 A	10.10	3.40	4.2	61.0	D / 13.0	—	—	—	—	—	67000	65000	62100	59100	57200	—	—	—	—	—
Optima 101	10.10	3.40	3.8	61.0	L / 13.4	—	—	—	—	76600	72800	70500	67200	—	—	—	—	—	—	—
Optima 106	10.10	3.40	3.8	61.0	DL / 13.0	—	—	—	—	69300	67000	63800	6□500	58300	56100	5□900	—	—	—	—
db 2	10.35	3.40	3.2	67.0	DL / 20.1	—	—	—	—	—	—	—	—	—	—	—	—	—	—	—
Dehler 36 CWS	10.80	3.50	5.6	62.0	D / 13.0	140400	129200	119700	112000	103000	—	—	—	—	—	—	—	—	—	—
Dehler 36 db	11.00	3.50	4.9	70.0	D / 19.6	152000	136800	124000	113400	—	—	—	—	—	—	—	—	—	—	—
Dehler 37 CWS	11.30	3.45	5.8	63.0	DL / 22.0	—	—	—	—	—	—	—	—	106700	102800	96●00	—	—	—	—
Dehler 37 CWS	11.30	3.50	5.6	62.0	A / 13.0	145800	134200	124400	—	—	—	—	—	—	—	—	—	—	—	—
Dehler 370	11.30	3.45	5.8	63.0	DV / 23.2	—	—	—	—	—	—	122800	—	—	—	—	—	—	—	—
Dehler 372	11.30	3.45	5.8	58.0	DL / 20.0	—	—	—	—	—	111600	106100	102400	98600	—	—	—	—	—	—
Dehler 38	11.40	3.80	5.9	81.0	D / 20.0	—	—	124600	118800	111200	107700	102600	—	—	—	—	—	—	—	—
Dehler 38 CWS	11.40	3.80	5.9	81.0	D / 23.6	—	—	—	113700	104500	—	—	—	—	—	—	—	—	—	—
Dehler 39 CWS	12.10	3.80	5.9	67.0	D /	163700	151000	—	—	—	—	—	—	—	—	—	—	—	—	—
Dehler 43 CWS	13.00	3.90	8.7	92.0	D /	288200	265900	—	—	—	—	—	—	—	—	—	—	—	—	—

23

Ein weiterer wesentlicher Nachteil pauschal angewandter Degressionsformeln, auch wenn sie auf irgendeine Weise recherchiert und abgewandelt sind, ist die Tatsache, daß sie bei einer Werft — egal ob kleines oder großes Boot — fast unverändert angewandt werden, d. h. auf eine Werft bezogen, daß ein 6-m-Boot mit der gleichen Degressionsformel berechnet wird wie die 12-m-Yacht, oder daß der kleine Kielschwerter genauso bewertet wird wie der große Motorsegler.

Auf den Seiten 26 bis 28 finden Sie typische Serienboote, die wir nach den Angaben der Gebrauchtboot-Liste im Kleinanzeigenteil der Zeitschriften YACHT und BOOTE überprüft und in Relation zum jeweiligen Neupreis nach KLASINGS BOOTSMARKT INTERNATIONAL gestellt haben. Außerdem haben wir einige Fälle überprüft, zu welchem Preis das Boot schließlich wirklich verkauft wurde. Daraus geht eindeutig hervor, daß die Angaben der BOOTAX im Durchschnitt um ca. 15 % zu niedrig liegen, in Einzelfällen sogar bis 30 %. Das ist natürlich für den Privatmann ein Handicap, da es eine Reihe von Händlern gibt, die schon aus Bequemlichkeit die BOOTAX zur Grundlage ihrer Schätzung machen.

Seit Anfang 1991 nimmt sich auch die auf dem Gebrauchtauto- und Industriemaschinen-Sektor bekannte Firma SCHWACKE des Gebrauchtbootmarktes an. Schwacke publiziert eine Gebrauchtboot-Liste (siehe Seite 131), die 5000 Boote und 2000 Motoren über 15 Jahre darstellt. Sie ist mit ausreichender Marktnähe gemacht. Leider wird hier die für Schwacke übliche Politik verfolgt, sich nicht an den Endverbraucher, sondern an den Händler und Hersteller zu wenden, so daß der Preis für die Liste extrem hoch ist (ca. 150,— DM).

Eine Alternative mag die Einzelbewertung per Computer (ebenfalls Schwacke, siehe Seite 131) sein, die nicht nur für Händler und Sachverständige, sondern auch für Privatpersonen durchgeführt und nach einer auf den Bootspreis bezogenen Staffel berechnet wird.

Rechts sind die Degressionswerte der BWVS- und Schwacke-Liste verglichen. Wenn man allein davon ausgeht, daß ein Schiff mit einem Alter von 30 Jahren einen Restwert von 15—25 % seines Neuwertes hat, sieht man ohne Rechenkünstler zu sein, daß das Gefälle der BWVS-Werte nach dem sechsten Jahr viel zu steil bleibt. Außerdem gilt diese Degression immer nur für ein Jahr, da der Wert dann linear weiter verschoben wird. Die durchschnittlichen Degressionswerte der Schwacke-Liste liegen etwa 10—15 % höher und werden jedes Jahr dynamisch (nach Marktbeobachtung) angepaßt. ▶

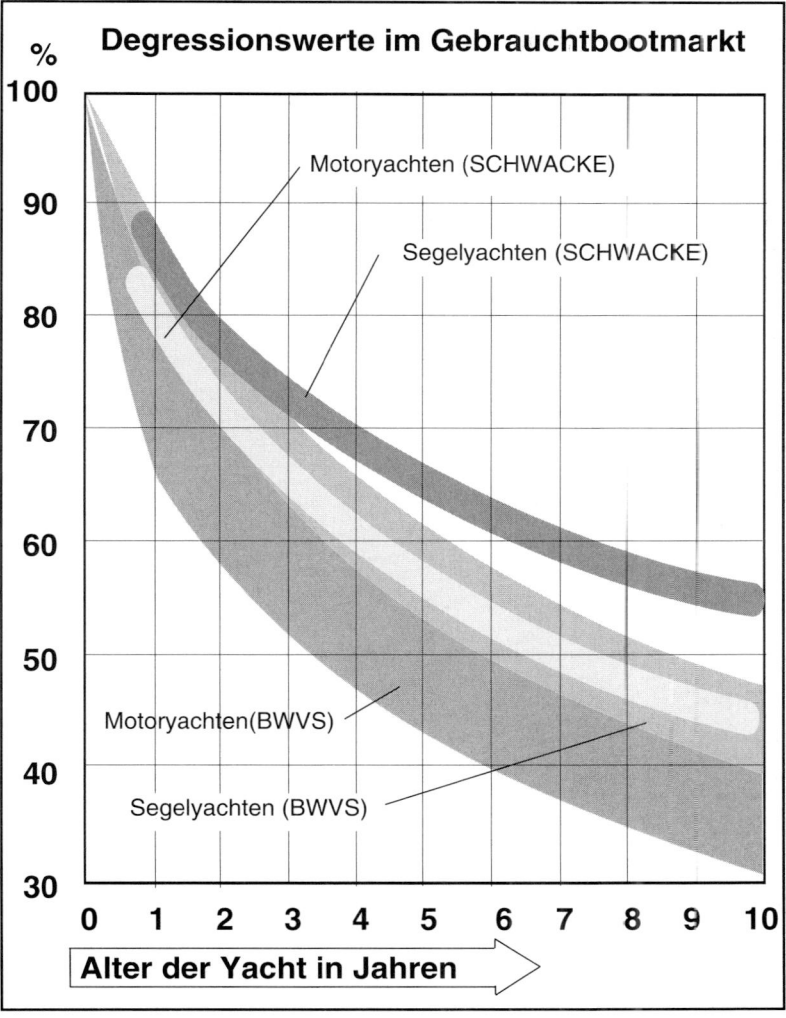

Degressionswerte im Gebrauchtbootmarkt

Motoryachten (SCHWACKE)

Segelyachten (SCHWACKE)

Motoryachten (BWVS)

Segelyachten (BWVS)

Alter der Yacht in Jahren

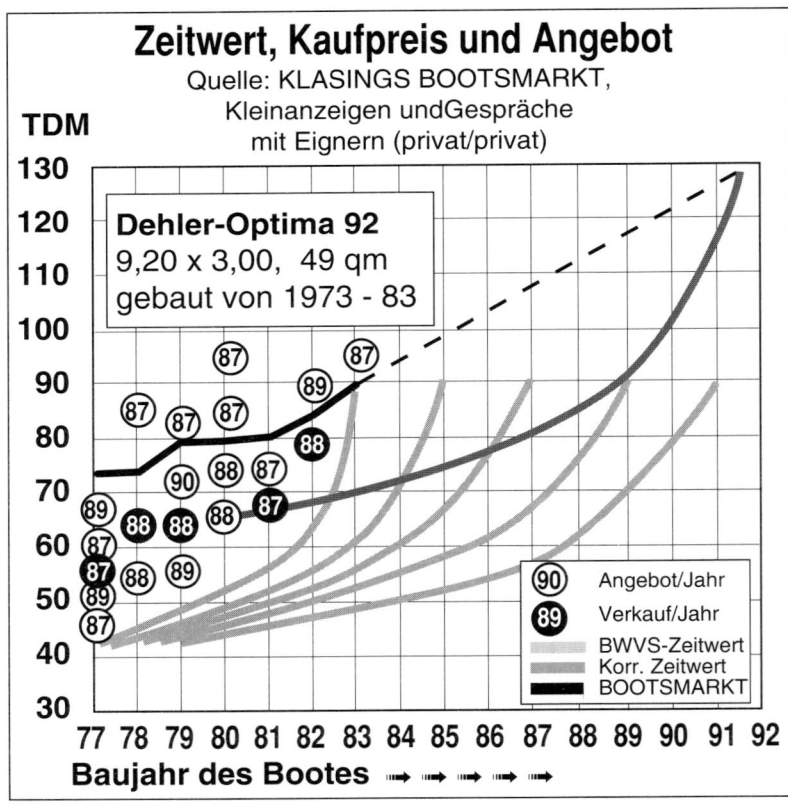

Die Optima 92 von Dehler wurde über viele Jahre ohne große Veränderungen gebaut, so daß man sie auch als typisches Serienschiff bezeichnen kann. Die Serie wurde 1983 eingestellt. Hier wird besonders deutlich, wie groß der Unterschied zum Zeitwert mancher Gebrauchtbootlisten ist, die den letzten Neupreis (hier 1982) nicht hoch rechnen. Dadurch wird die Preissteigerung im Yachtbau allgemein nicht berücksichtigt und die Diskrepanz zum Markt sehr groß.

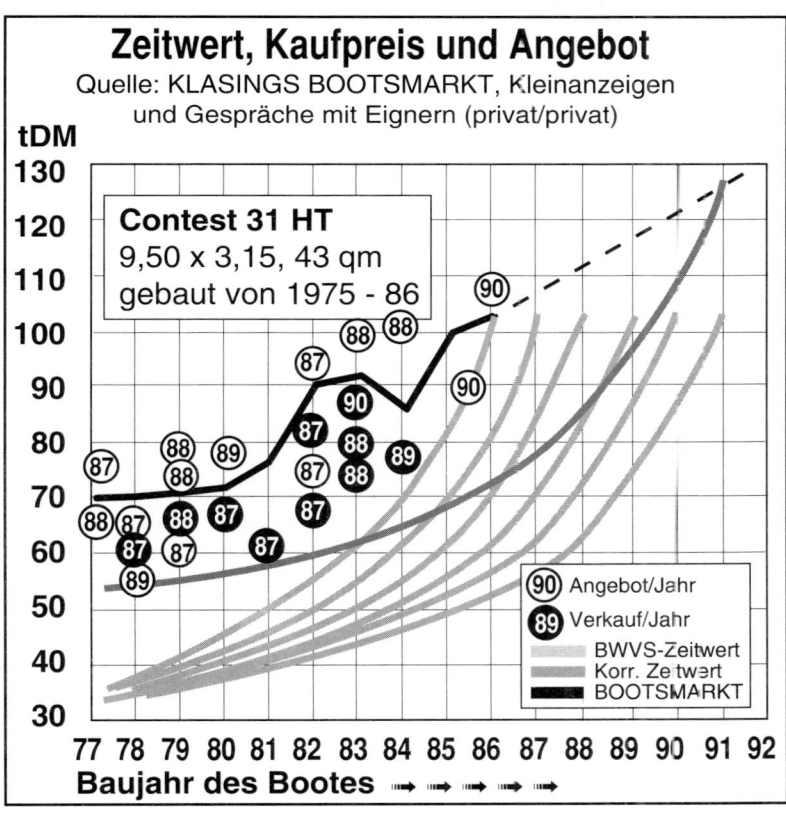

Zeitwert, Kaufpreis und Angebot
Quelle: KLASINGS BOOTSMARKT, Kleinanzeigen
und Gespräche mit Eignern (privat/privat)

Contest 31 HT
9,50 x 3,15, 43 qm
gebaut von 1975 - 86

90 Angebot/Jahr
89 Verkauf/Jahr
BWVS-Zeitwert
Korr. Zeitwert
BOOTSMARKT

tDM

77 78 79 80 81 82 83 84 85 86 87 88 89 90 91 92
Baujahr des Bootes

Die Contests kann man ebenfalls als Serienschiffe einstufen, die bei einer
Analyse der Kleinanzeigenteile der Fachzeitschriften einen guten Vergleich
zulassen. Die Contest 31 HT wurde bis 1986 gebaut. Das Angebot (mit Ausrüstung) und auch der Kauferlös liegen immer in der Nähe des im Baujahr
genannten Standardpreises (ohne Ausrüstung). Die Daten der Gebrauchtbootliste sind um 40 % niedriger. Das wird in den Jahren 87 und 88 noch
schlimmer, da man die Werte in der Liste schlicht um ein Jahr kürzt, aber nicht
korrigiert oder anpaßt.

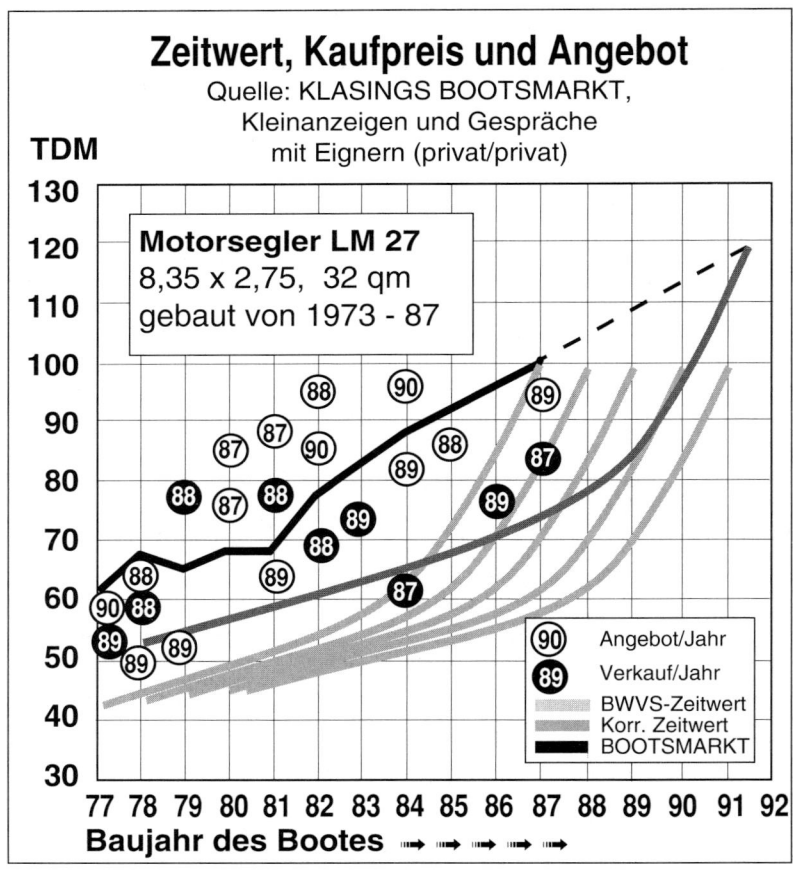

Zeitwert, Kaufpreis und Angebot
Quelle: KLASINGS BOOTSMARKT,
Kleinanzeigen und Gespräche
mit Eignern (privat/privat)

Motorsegler LM 27
8,35 x 2,75, 32 qm
gebaut von 1973 - 87

(90) Angebot/Jahr
(89) Verkauf/Jahr
BWVS-Zeitwert
Korr. Zeitwert
BOOTSMARKT

77 78 79 80 81 82 83 84 85 86 87 88 89 90 91 92
Baujahr des Bootes

LM 27 ist ein Motorsegler, der seit vielen Jahren (bis 1988) in beständiger Qualität gebaut wurde. Wir haben den Gebrauchtboot-Markt unter die Lupe genommen. Das Ergebnis ersehen Sie aus der Grafik. Sehr deutlich zu sehen ist auch hier der große Abstand der Zeitwertlinien zum tatsächlichen Markt.

Bau- und Konstruktionsjahr

Das Baujahr einer Yacht hat in weiten Grenzen nur nominellen Wert. Für konventionelle, stark gebaute Schiffe hat es eine ganz andere Bedeutung als für supergestylte moderne Leichtbauten.
Durch den Serienbau und die immer diskutierten Gebrauchtboot-Listen, als nackter Abklatsch von Gebrauchtauto-Listen, wird seine Bedeutung aber überbewertet. Viel wichtiger als das absolute Alter nach Baujahr ist das relative Alter einer Yacht, das sich aus der Qualität der Konstruktion und des Materials sowie der Einsatzart und der Pflege ergibt.
Das Baujahr hat bei einer Yacht aufgrund der höheren Lebensdauer keineswegs die Bedeutung wie beim Auto, und je konservativer der Bootstyp, um so mehr tritt das Baujahr in den Hintergrund, der Allgemeinzustand in den Vordergrund.
Neben der Frage des Baujahrs spielt natürlich das Jahr der Konstruktion eine ganz wichtige Rolle. Beim Auto ist das klar. Es wird immer der neueste Typ produziert.
Bei größeren Serienwerften ist es genauso. Es gibt aber eine ganze Reihe von Werften und Konstrukteuren (!), die verkaufen und bauen schlicht und einfach alte Hüte. Man bedenke aber, daß sich sowohl das Material als auch der Komfortanspruch verändern, und wenn man schon ein Schiff bauen läßt, dann sollte es auch neu sein. Ist die Konstruktion aber von 1960, so handelt es sich um einen alten Hut, und der Wiederverkaufswert wird entsprechend schnell fallen. Es sei denn, es handelt sich um ein sehr zeitloses Schiff. Doch auch auf diesem Sektor sollte man auf eine neue Konstruktion zurückgreifen, in der die neuesten technologischen Erkenntnisse untergebracht sind.
Wichtig: Beim Kauf eines Schiffes spielt nicht nur das Baujahr, sondern auch das Konstruktionsjahr eine Rolle. Ausnahmen bilden hier nur Oldtimer, aber zwischen Oldtimer und einer veralteten Konstruktion ist ein wesentlicher Unterschied!

Serienbau

Was eine Serienyacht ist, scheint klar zu sein: ein Schiff, das in größeren Stückzahlen „serienmäßig" gebaut wird.
Für Kunststoff-Boote trifft das bei einigen Werften zu. Bei Metall und Holz

gibt es das kaum. Bezogen auf den Aussagewert eines Degressionsfaktors für den Zeitwert, trifft diese Definition aber nur auf ganz wenige Schiffe bis etwa 10 m Länge zu.
Eine Untersuchung der „echtesten" Serienschiffe ergibt, daß Serien kaum länger als 3 bis 4 Jahre ohne große Veränderungen laufen. Diese Veränderungen wirken sich so stark auf den Gesamtpreis aus, daß der Zeitwert in Wirklichkeit verschoben wird (ähnlich einer Neukonstruktion), aber niemand solche „Kleinigkeiten" in den Gebrauchtboot-Listen ausreichend darstellt, damit es auffällt. Richtig ist natürlich, daß man bei Serienschiffen den Marktwert leichter ermitteln kann, da es genug vergleichbare Angebote gibt.

Sie sehen auf der Seite rechts, wie sich die „moderne Yacht" gewandelt hat. Der Spitzgatter, Plattgatter, Koster, Kutter und Klipper, und wie sie alle heißen, sahen vor 100 Jahren schon so aus wie heute. Wenn Sie aber 1960 eine moderne, schnelle Yacht gekauft haben, konnte man sie 10 Jahre später vom Styling und dem Geschwindigkeitspotential her nicht mehr als schnell und modern einstufen. Das Unterwasserschiff unterlag in den letzten 30 Jahren einem sehr starken Wandel, obwohl auch heute noch der Streit um die Vorteile des Langkielers gegenüber dem kurzen Flossenkiel nicht ausgestanden ist. Aber es gibt keinen Zweifel darüber, daß sich die kleine Lateralfläche mit schlankem Flossenkiel zugunsten einer möglichst kleinen benetzten Oberfläche und eines höheren Geschwindigkeitspotentials durchsetzt. Natürlich ist eine heute gebaute konventionelle Yacht durchschnittlich viel schneller als der gleiche Typ von 1950 oder gar von 1930, da die Verdrängung niedriger liegt und der Spant nicht mehr so tief eintaucht. Aber der Gesamteindruck, das Styling hat sich kaum geändert. Details wie Fenster, Luken, das Rigg und der Komfort unter Deck sind natürlich mit der Zeit gegangen, aber das gesamte Erscheinungsbild ist gleichgeblieben. Es handelt sich aber im wesentlichen um Einzelbauten. Das Serien-Segelboot von heute ist praktisch nur noch mit kurzem Flossenkiel ausgerüstet, alternativ werden Flachwasserkiele oder Flügelkiele angeboten, und 50 % der Neukonstruktionen haben bereits den elliptischen Flossenkiel. Viele dieser Dinge mindern den Marktwert. Man kann über den Daumen sagen, daß ein konservatives, zeitloses Schiff 15 bis 25 % höher im Kurs steht als ein gleich alter Cruiser-Racer.

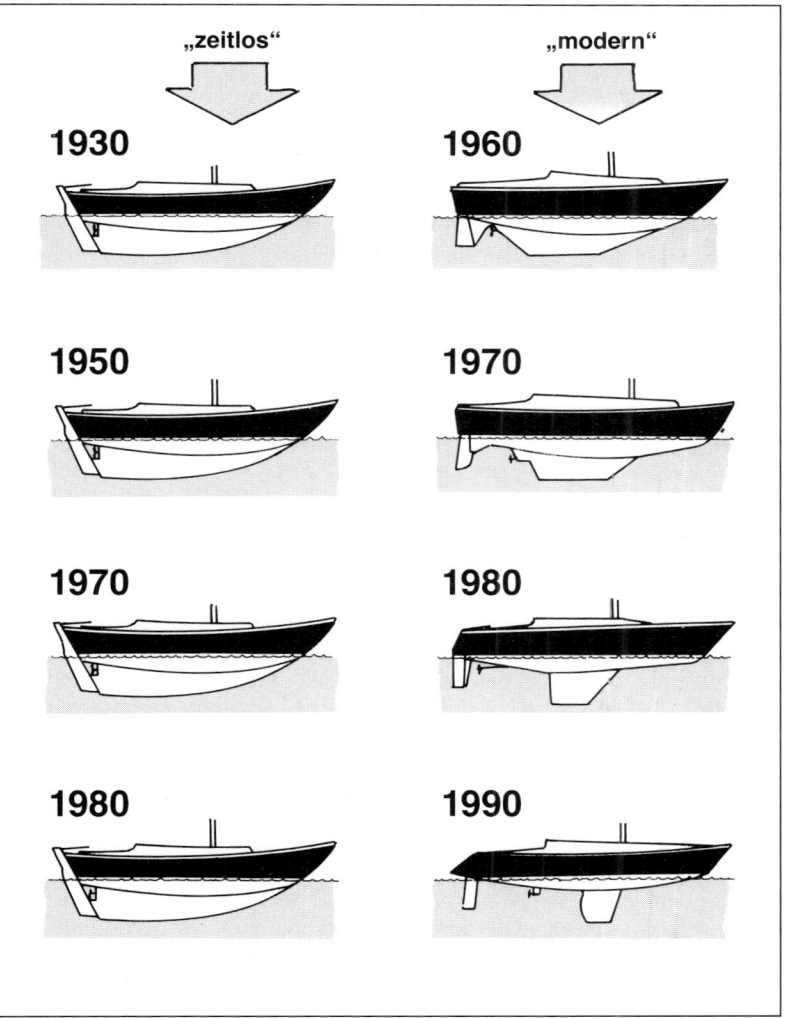

Die Preisentwicklung in den letzten 10 Jahren macht deutlich, daß man Unterschiede machen muß, da der Preisverfall gegenüber dem Kaufpreis um so drastischer wird, je mehr die Preiserhöhung stagniert oder sogar unter Null geht.

Einzelbau

Einzelbau ist auf dem konservativen Gleis des Yachtbaus vermutlich den meisten Serienbooten überlegen, weil er nicht durch Kompromisse eine große Zielgruppe erreichen muß. Dazu kommt, daß Einzelbauten meist auf Werften entstehen, die ihr Handwerk wirklich verstehen. Diese Vorteile für den Erstkäufer können aber beim Verkauf zum Handicap werden, da man dann ebenfalls keine breite Gruppe anspricht. Allerdings sind die Bauqualität und die Materialwahl in Verbindung mit dem Werftnamen und dem Namen des Konstrukteurs für das Erreichen eines guten Wiederverkaufswertes meist gute Argumente. Neben Kunststoff-Positiv-Bauten und Holz-Diagonal-Bauten werden die meisten Einzelbauten aus Stahl- und Aluminium als Typschiffe gebaut.

Selbstbauyachten

Obwohl ich ebenfalls Selbstbauer bin und glaube, daß viele Selbstbauyachten mit durchschnittlichen Werftbauten mithalten können, ja teilweise sogar besser sind, hat der Selbstbauer auf dem Gebrauchtboot-Markt schlechte Karten. Besser sieht es schon mit ausgebauten Kaskos aus, aber auch hier überwiegen Bedenken der Käufer. Einzige und scheinbar beste Möglichkeit ist ein Gutachten des Sachverständigen, doch auch das ist für viele nicht überzeugend.
Ein Selbstbauer sollte schon vor dem Bau an den Wiederverkaufswert denken. Doch wer kann das schon, wenn er gerade zu bauen beginnt. Als Orientierung muß man wohl die Baukosten (ohne Zeitaufwand) als Kaufpreis in die Degressionskurve setzen. Aus heutiger Sicht stellt sich ohnehin die Frage, ob Selbstbau oder Selbstausbau noch attraktiv genug sind. Wenn man es von der finanziellen Seite sieht, sicher nicht. Die Freude am Bauen selbst muß überwiegen. Sonst ist ein Gebrauchtboot immer der bessere Weg.

Konstrukteur, Werft, Styling und Markennamen

Auch bei Schiffen spielt das Image des Konstrukteurs, der Werft, des Antriebs und der Instrumentierung eine ähnliche Rolle wie bei vielen materiellen Dingen, ganz besonders beim Auto, bei dem man es in bestimmten Kreisen auch nicht für gleichgültig hält, ob man einen Mercedes, einen BMW oder einen VW fährt.

Konstrukteur und Werft stellen die Weichen für den späteren Marktwert eines Bootes. Zum einen ist es die Zeitlosigkeit einer Konstruktion, die nicht so schnell aus der aktuellen Ästhetik und Welt-(Yacht-)Anschauung herausaltert, zum anderen ist es die Qualität der Konstruktion, die auf den Anwendungszweck abgestimmte Materialstärke, die Qualität des Materials und seiner Verarbeitung. Das heißt, die Frage des Designs ist ein wesentlicher Faktor für den späteren Marktwert, wenn eine bestimmte Bootskategorie besonders „in" ist, oder wie lange sie es bleibt.

Für die eigentliche Lebensdauer ist, besonders bei Kunststoff-Booten, die Verarbeitung von Bedeutung, da es sehr auf die Verarbeitungsbedingungen wie Temperatur und Luftfeuchtigkeit ankommt. Eine Garantie bietet im Prinzip nur die Überwachung durch eine Institution wie z. B. eine Klassifikationsgesellschaft. Natürlich gibt es Werften, die seit Jahrzehnten beste Qualität bauen und über jeden Zweifel erhaben sind.

Grundsätzlich kann man wohl sagen, daß der Name des Konstrukteurs und der Werft wesentlich zum Marktwert des Bootes beitragen. Das gilt auch für Motor, Rigg, Segel und Instrumentierung, denn wer kauft schon gerne ein Schiff, dessen Motorenhersteller längst vom Markt verschwunden ist. Das gilt auch für die Ersatzteilbeschaffung, bei Winschen, Riggs und Navigationssystemen.

Devisenkurs und Gebrauchtboot-Preise

In den letzten 10 Jahren ist die DM gegenüber den meisten Währungen der Länder, aus denen wir viele Boote importieren, um fast 100 % aufgewertet worden. Das führte automatisch zu einem relativ geringen Anstieg der Bootspreise (obwohl der immer noch zu hoch war). Das wiederum hatte zur Folge, daß der Wert gekaufter Boote, relativ gesehen, ständig abfiel. Dieser Vorgang allein zeigt schon, daß weder Zeit- noch Marktwert feste Gebilde sind. Deshalb ist es sehr zweifelhaft, ob man eine Formel für den Zeitwert von Schiffen, und sei es nur zur Orientierung, aufstellen kann, wenn man sie nicht wenigstens jedes Jahr den Gegebenheiten des Marktes anpaßt. Das hat dann noch lange nichts mit dem Marktwert eines Schiffes zu tun. Zwei Beispiele sollen zeigen, wie sich ein starrer und ein flexibler Zeitwert-Faktor auswirken.

Durchschnittliche Entwicklung der Währung in den Ländern, die für den deut- ▶
schen Bootsmarkt von Bedeutung sind. Die Tendenz ist ganz eindeutig, die Kurse sind überall gefallen, das heißt, die DM ist gegenüber den anderen Währungen aufgewertet worden. In den letzten 10 bis 12 Jahren hat sich der Wert vieler Währungen gegenüber der DM halbiert. Das heißt, wenn in diesen verschiedenen Ländern keine so extreme Preissteigerung stattgefunden hätte, dann würde man eine Yacht, die damals 100000 DM kostete, heute für 50000 DM kaufen können.

Die Tabelle zeigt diese Verdoppelung noch deutlicher als das Diagramm.

Land	Jahr	Landeswährung	Deutschland/DM
Frankreich	1973	100 000 FF	65 000 DM
Frankreich	1991	100 000 FF	29 000 DM
USA	1970	100 000 $	365 000 DM
USA	1991	100 000 $	170 000 DM
England	1970	50 000 £	440 000 DM
England	1991	50 000 £	140 000 DM
Italien	1976	1 000 000 000 L	300 000 DM
Italien	1991	1 000 000 000 L	115 000 DM
Dänemark	1970	200 000 dkr	96 000 DM
Dänemark	1991	200 000 dkr	50 000 DM
Schweden	1975	200 000 skr	120 000 DM
Schweden	1991	200 000 skr	52 000 DM

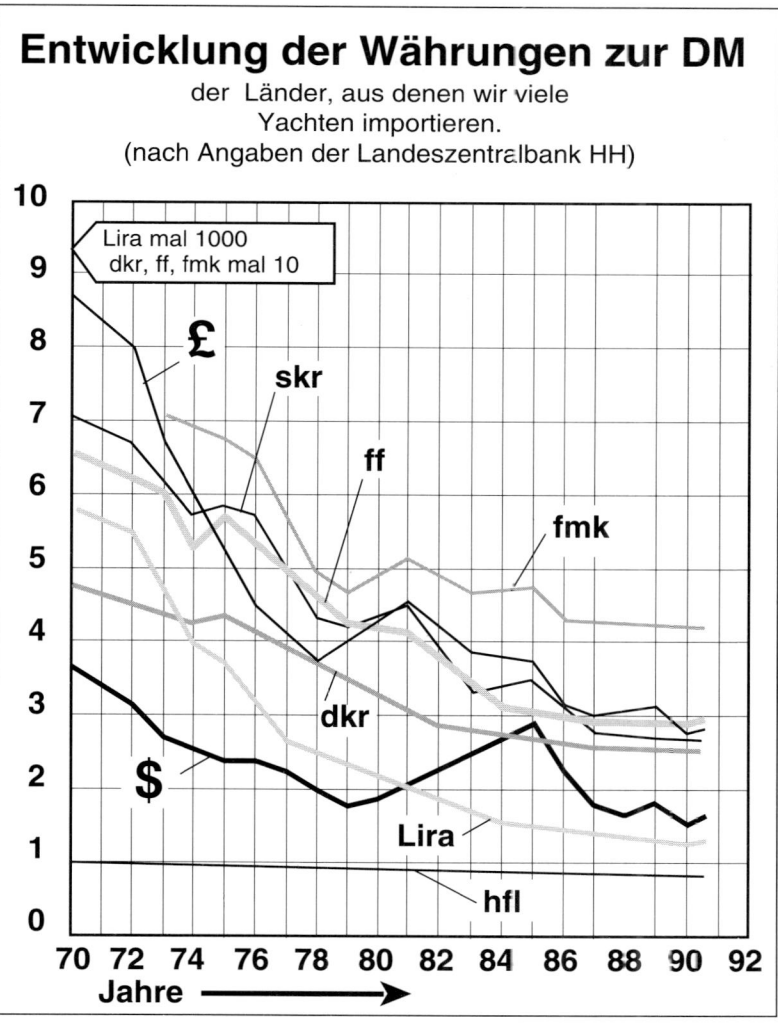

Entwicklung der Währungen zur DM

der Länder, aus denen wir viele
Yachten importieren.
(nach Angaben der Landeszentralbank HH)

Lira mal 1000
dkr, ff, fmk mal 10

£ skr ff fmk dkr $ Lira hfl

Beispiel A: Nehmen wir an, die Bootspreise wären von 1988 auf 1989 im Durchschnitt gleichgeblieben (die Deutschen und die Holländer sind etwas teurer geworden; andere Importe sind billiger geworden). Würde man eine Formel aufstellen, die besagt, daß ein neues Boot beispielsweise 20 % im ersten Jahr verliert, dann wären das für 100000 DM, gekauft im Frühjahr 88, 20000 DM. Das Boot würde jetzt noch 80000 DM wert sein. Auch der Neupreis 1989 wäre (da Preise gleichgeblieben sind) 100000 DM.

Beispiel B: Nehmen wir an, die Preise wären von 88 auf 89 nicht gleichgeblieben, sondern um 10 % gestiegen (tatsächlich sind sie aber nur im Durchschnitt um 5 % gestiegen; s. Seite 100 ff), dann würde das 88er Boot mit dem festen Zeitwert-Faktor 1989 so bewertet, als hätte es nur 90000 DM gekostet. Die 20 % gehen dann wieder runter, so daß sich jetzt die Abwertung auf 28 % hochschaukelt. Das heißt, das Minimum für einen glaubwürdigen Degressionsfaktor ist die jährliche Anpassung.

Sachverständige und Gutachter

Sachverständige und Gutachter sind ungeschützte Berufsbezeichnungen. Das heißt, jeder kann in diesem Metier seine Dienste anbieten, auch ohne ausreichenden Sachverstand und die von dieser Berufsgruppe erwartete Neutralität. Aus dieser Sicht kann man Sachverständige und Gutachter in drei große Gruppen einteilen:

● Öffentlich eingetragene und vereidigte,
● amtlich anerkannte und
● selbst ernannte Sachverständige und Gutachter.

Die öffentlich eingetragenen und vereidigten Sachverständigen sind in ihrem Spezialgebiet auf besondere Fachkunde und persönliche Integrität überprüft, werden überwacht und in Gerichtsverfahren bevorzugt eingesetzt. Ihre Gutachten sind so verfaßt, daß sie verkehrsfähig sind wie eine Urkunde. Sachverständige dieser Gruppe werden von Industrie- und Handels- bzw. Handwerkskammern bestellt und vereidigt. Von dort bekommt man auch Verzeichnisse bzw. Adressen von Sachverständigen, die in den Bereich der Kammern fallen.
Amtliche oder von führenden Institutionen anerkannte Sachverständige

und Gutachter (z. B. die des Germanischen Lloyd, des Boots- und Schiffbauerverbandes oder des TÜV usw.) sind von den zuständigen Institutionen auf Sachverstand und Neutralität überprüft und zugelassen.
Selbst ernannte Sachverständige und Gutachter sind von keiner amtlichen Stelle oder irgendeiner anerkannten Institution auf besondere Fachkunde oder persönliche Eignung überprüft.
Die Frage, welche Art von Sachverständigen man wählt, bleibt natürlich jedem selbst überlassen. Der Preis für ein Gutachten wird offiziell nach einer Gebührenordnung berechnet, die sich an der Größe des Objekts orientiert, dazu kommt eine Aufwandsentschädigung. Grundsätzlich kann man den Preis für ein Gutachten vorher festlegen. Man macht mit dem Gutachter einen Vertrag, in dem auch der Preis festgelegt ist.
Je nach eigener Erfahrung sollte man spätestens dann einen Gutachter zu Rate ziehen, wenn der Verdacht verdeckter Mängel besteht.
Man kann sich vorher von zwei oder drei Gutachtern ein Angebot machen lassen, da viele von ihnen unter dem Tarif bleiben. Als Beispiel möchte ich hier die Kosten für ein Gutachten zu einem 100 000-DM-Schiff aufführen. Nach Tarifliste würde das Gutachten etwa 2200−2800 DM kosten. Dazu kommt der zeitliche Aufwand mit 50 bis 70 DM pro Stunde und Fahrgeld. Wenn die Reise länger dauert, werden natürlich nicht 24 Stunden berechnet.
Selbstverständlich kann man einen Gutachter auch spezieller e nsetzen, indem man ihn mögliche Reparaturkosten schätzen oder bereits reparierte Unfallfolgen beurteilen läßt.
Mit Vorsicht sind Taxierungen zu genießen, die von Eignern bzw. Verkäufern in Auftrag gegeben wurden. Sie sind häufig aus Bequemlichkeit des Gutachters zu optimistisch. Taxierung ohne Besichtigung siehe Seite 131.

Zertifikate und sonstige Qualitätsnachweise

Es gibt eine Reihe von international tätigen Schiffsklassifikations-Gesellschaften, die auch für Yachten Zertifikate ausgeben. Das sind naturgemäß erfahrene Institutionen, da sie sich seit vielen Jahrzehnten mit der Beurteilung von Schiffen auseinandersetzen.
Daneben gibt es noch Institutionen wie die nationalen Bootsbauer-Verbände, die z. T. Zertifikate vergeben, die auch positiv einzustufen sind. Ja, selbst die in einigen Ländern schon von Gesetzes wegen verordnete

Sicherheitsprüfung und Festlegung eines bestimmten Sicherheitsstandards kann man im weitesten Sinne als Qualitätsnachweis betrachten. Wesentlich ist, daß man den Umfang dieser Qualitätsnachweise genau kennt und beurteilen kann. In vielen werfteigenen und von Importeuren und Händlern erstellten Prospekten findet man die Formulierung „nach . . . .-Zertifikat". Damit wird der Eindruck erweckt, das Boot habe ein Zertifikat der entsprechenden Klassifikationsgesellschaft. Tatsache aber ist, daß hier der Hersteller dieser Werbeschrift ohne Nachweis behauptet, daß das Schiff nach den Bemessungsvorschriften einer Klassifikationsgesellschaft gebaut ist.

Wenn eine Yacht ein Zertifikat hat, dann muß das ein richtiges Dokument sein, auf dem schwarz auf weiß nachgewiesen ist, daß es sich wirklich um ein Zertifikat handelt und nicht nur um die oben aufgeführte Behauptung.

Klassifikationsgesellschaften, die solche Zertifikate vergeben, sind weltweit tätige Überwachungsorganisationen – eine Art Schiffs-TÜV, zuständig für Schiffahrt, Meerestechnik und Yachtbau. Sie haben selbst entwickelte Vorschriften zur Bemessung, die aber allgemein anerkannt sind. Bauvorschriften dieser Klassifikationsgesellschaft gelten als „Regeln der Technik" und werden als Basis (auch rechtlich) zur Beurteilung von Schiffs- und meerestechnischen Anlagen sowie Yachten herangezogen. Die weltweit tätige deutsche Klassifikationsgesellschaft, der Germanische Lloyd, hat ebenfalls solche Regeln aufgestellt. Man unterscheidet hier zwischen einer richtigen Klasse mit dem Klassenzertifikat Sailingyacht (oder Motoryacht)

CLASS + 100 A 5

und einer Serienbau-Überwachung (TYPE TESTED) und erweitert (TYPE TESTED 100 A 5).

Zur Aufrechterhaltung der Klasse werden in bestimmten Zeitabständen Besichtigungen durchgeführt, die gewährleisten, daß der beim Neubau vorhandene technische Standard erhalten bleibt.

Die Serienbau-Überwachung für Kunststoff-Yachten wird, auf Antrag von Bootswerften, für bestimmte Bootstypen vorgenommen. Das Prüfverfahren beinhaltet regelmäßige Besichtigung der Herstellerbetriebe. Die qualitative und typgerechte Fertigung wird somit sichergestellt. Dokumentiert wird diese Serienüberwachung durch die Serienbescheinigung für den Schiffskörper. Außerdem gibt es zur äußeren Kennzeichnung eine Prüfplakette mit der Aufschrift „Typgeprüft". Die Vorschriften für die Typprüfung und die Prüfung zur GL-Klasse kann man beim Germanischen Lloyd anfordern.

2

Alter
Zustand
Bauteil-Check

In diesem Abschnitt ist häufig die Rede von „zur Überprüfung abbauen", „Loch bohren", „aus dem Wasser heben" usw. Das sind Tests und Kontrollen, die bis zum Kauf immer auf Kosten des Käufers durchgeführt werden. Man solite vereinbaren, daß der Verkäufer z. B. die Krankosten zur Besichtigung des Unterwasserschiffes beim Bezahlen des Kaufpreises gutschreibt. Auf keinen Fall sollte der Käufer erwarten, daß der Eigner mal eben das Schiff in den Kran nimmt oder das Abbauen des Himmels gestattet, ohne entsprechende Sicherheit, z. B. Konventionalstrafe oder ähnliches, vereinbart zu haben.

Das relative Alter einer Yacht

Wie alt eine Yacht wirklich ist, wird nicht vom Baujahr ausgesagt. Vieles hängt von der Einsatzart ab. Wenn man ein und dasselbe Schiff drei Gruppen von Benutzern für einen Verschleißtest zur Verfügung stellen würde, würden sich sehr unterschiedliche, für die Einsatzart typische Lebenszeiten ergeben. Man kann das ähnlich splitten wie die Motorenhersteller ihre Leistungsangaben in leichten, mittleren und schweren Betrieb. Nur daß der leichte Betrieb nicht die höchste Leistung vom Schiff fordert.

Als leichten Betrieb kann man das normale, private Nutzen eines Bootes betrachten. Der übliche Wochenendbetrieb und die Urlaubsfahrt lassen bei entsprechender Pflege ein Schiff nur sehr langsam altern.

Als mittelschweren Betrieb muß die Nutzung als Charter- und Schulungs-

Dieses halb abgebrannte Schiff wurde von einem „Profi" repariert und gewinnbringend an den Mann gebracht. Der Käufer hat von der Reparatur nichts bemerkt. Sie sollten beim Kauf vorsichtiger sein und nach den Empfehlungen in dem Kapitel „Alter und Zustand" vorgehen.

boot eingestuft werden. Richtig eingesetzte Charter- und Schulboote sind jeden Tag unterwegs und dementsprechend wird das Material beansprucht. Die Lebensdauer solcher Boote liegt wesentlich niedriger. Rennboote haben die kürzeste Lebensdauer. Das hat nichts mit der Qualität des verarbeiteten Materials zu tun, sondern im Prinzip mit dem Versuch, alles, aber auch alles zu optimieren. Deshalb wird das Material bis an die Grenzen seiner Belastbarkeit gerechnet und in den Rennen auch bis an diese Grenzen belastet, was automatisch zu einer extremen Verkürzung der Lebensdauer führt.

Ein Vergleich der Lebensdauer der Segel soll dies deutlich machen:
Auf normalen Fahrtenschiffen halten die Segel 10 und mehr Jahre.
Auf professionell genutzten Yachten (Charter und Schule) schrumpft die Lebensdauer der Segel auf 3 bis 4 Jahre und auf
Top-Racern wechselt man die Segel (mindestens) alle Jahre. Viele Segel sind sogar nach einem Rennen nicht mehr zu gebrauchen.

Kojenboden von der Unterseite. Bei der Besichtigung war an der Oberseite des Kojenbodens nur ein kleiner diagonaler Riß zu sehen, der von der Stauraum-Öffnung 3 cm nach vorne lief. Nach dem Abschrauben stellte sich heraus, daß der ganze Kojenboden bei einer Notreparatur mit Schaum aus der Sprühdose geklebt war.

Ähnlich verhalten sich die Oberflächen der Materialien, die innere Festigkeit und der Zustand der Verbände.
Ein Rennschiff ist nach anderen Kriterien gebaut als ein Fahrtenschiff und wird entsprechend anders genutzt, und das macht den Unterschied in der Lebensdauer aus.
Etwas anders verhält sich das relative Altern der Motoren, die bei schlechter Konservierung in Pausen mehr leiden als im Betrieb.
Woran man das relative und absolute Alter erkennen kann und wie man Schrott von guter Qualität trennt, ist in den folgenden Abschnitten beschrieben.

Hier war an der Innenseite des Rumpfes eine kleine Leckage zu sehen. Als man das an dieser Stelle innen verdickte Laminat abnahm, wurde deutlich, daß hier ein Wellenlagerbock nachträglich sehr laienhaft eingebaut worden ist und das Wasser nach dem Schrumpfen des Kunststoffs am Wellenbock entlang ins Innere lief.

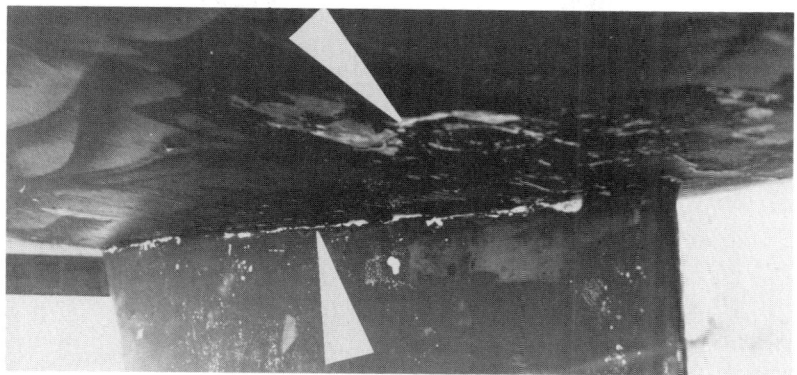

Hier zeigt die Kielwurzel eines Segelbootes abgebröckelte Unterwasserfarbe *(Pfeil unten) und 30 cm neben dem Kiel (Pfeil oben) ebenfalls abgebröckelte Unterwasserfarbe. Nachdem dieser Schaden untersucht wurde, stellte sich heraus, daß unter einer Laminatschicht von nur 2 Matten 3 cm dickes Silikon die beschädigte Rumpfform ausglich. Der Kiel selbst war in der Kielwurzel zwischen Flansch und Flosse angeknackt, überlaminiert worden, und durch die ständige Bewegung zeigten sich Ablösungserscheinungen am Laminat.*

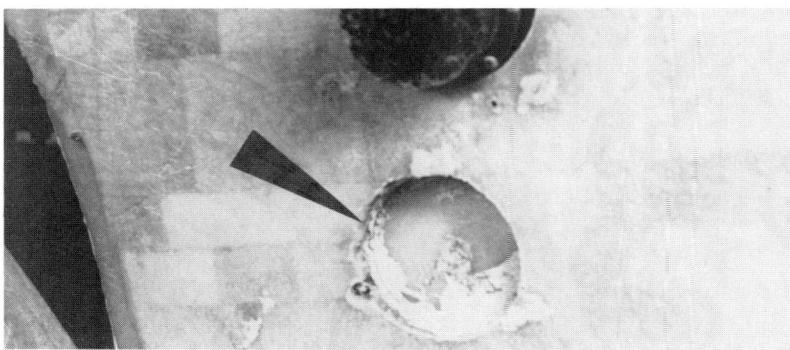

Blick hinter die Verkleidung eines Segelbootes. Hier wurde irgenawann umgebaut oder es wurden diverse Instrumente vor dem Verkauf ausgebaut. Auch ein Punkt, der einen skeptisch machen sollte.

43

Wenn sich der Verdacht erhärtet, daß der Rumpf weich gesegelt ist, sollten Sie das Schiff auf den Hänger stellen und mit einem Hydraulikheber den Kiel um 10 cm zur Seite drücken. Rutscht der Rumpf in den Halterungen mit, ist das Schiff okay, sonst ist anzunehmen, daß der Rumpf weich ist. Man kann das am besten beim Segeln überprüfen, indem man die Bodenbretter rausnimmt, eine Leiste über eine Wrange legt und dann in der Welle beobachtet, ob sich der Rumpf im Kielbereich bewegt.

Zwei abgestemmte Schrauben mit Laminatresten aus einer Rumpf-Deck-Verbindung, in der die Muttern der Verschraubung einlaminiert wurden. Nach dem Schrumpfen des Laminats traten die Muttern frei, und es gab keine Möglichkeit, die Rumpf-Deck-Verbindung festzuschrauben, ohne die Unterseite aufzustemmen.

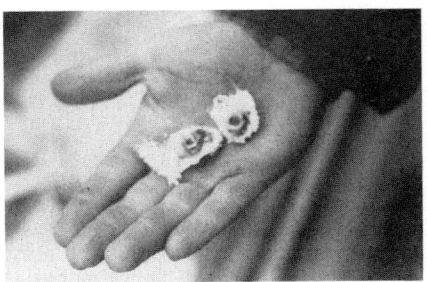

Bei der Besichtigung dieses Schiffes war an der Unterseite Rumpf nur eine kleine feuchte Stelle zu sehen. Nach dem Abklopfen dieser Stelle klang das Material sehr hohl. Es stellte sich heraus, daß der Rumpf im Flanschbereich angeknackt war und schon einmal der Versuch unternommen wurde, die Stelle zu reparieren. Auslöser war eine Grundberührung und zu dünnes, schlecht verarbeitetes Material an dieser Stelle (Pfeil).

Ein ganz dünner, feuchter Riß zeigt an diesem Ruder, daß es beschädigt ist. Der Riß geht durchs Außenlaminat, und der Schaum, mit dem das Ruder aufgefüllt ist, war schwammig weich. Auf den Kopf gestellt, lief drei Monate lang Wasser heraus, und das Ruder wurde um ca. 15 kg leichter. Man kann sich leicht vorstellen, wie unter solchen Bedingungen die Festigkeit des Ruders leidet.

Optische Merkmale alternder Werkstoffe

Jedes Material hat seinem physikalischen Alter entsprechend besondere Merkmale, mit deren Hilfe man Rückschlüsse auf das „relative Alter" und den Pflegezustand ziehen kann.
Mit geschultem Auge und entsprechender Erfahrung ist es kein Problem, diese Spuren zu deuten. Es sind im wahrsten Sinne des Wortes Spuren, da es sich häufig nur um winzige Überreste einer zu großen Belastung, Leckage, Kollision oder schlechter Pflege handelt.
Der Laie hat es in dieser Hinsicht etwas schwerer, da er diese Spuren nicht auf Anhieb deuten kann und auch nicht weiß, wo er sie findet. Das sollte sich aber bei gründlicher Lektüre der folgenden Seiten ändern.
Es sind im Prinzip immer drei Fragen zu stellen, für die man in diesem Zusammenhang eine Antwort finden sollte.

1. Wodurch ist der Schaden entstanden?

   ● Schaden durch falsche Konstruktion der Details
   ● Schaden durch falsche Materialwahl und Verarbeitung
   ● Schaden durch äußere Gewalteinwirkung
   ● Schaden durch Überbelastung
   ● Schaden durch mangelnde Pflege
   ● Altersschäden.

2. Wie ist der Schaden zu beheben?

   ● Normale Ausbesserungs- oder Abdichtungsarbeit
   ● Austauschen des Bauteils
   ● Änderung der Belastungsverhältnisse durch Verstärkung
   ● Kaum zu beseitigen.

3. Wie hoch ist der Schaden (Preisnachlaß oder Reparatur vor Übergabe)?

Das sind die vordergründigsten Punkte, die es bei irgendwelchen Mängeln aufzuspüren gibt. Eine wesentliche Frage ist immer wieder, ist der sichtbare Mangel nur der kleine sichtbare Anfang eines verdeckten Schadens?

Für die drei Haupt-Baumaterialien gibt es typische, sichtbare Anzeichen, aus denen sich die oben genannten Fragen beantworten lassen.

Haarrisse und Kratzer

Kunststoffboote haben eine sehr pflegearme Deckschicht, den Gelcoat. Er gibt der Oberfläche nicht nur Glanz, er schützt auch das darunter liegende Laminat vor Feuchtigkeit.

Haarrisse, das sind ganz feine Risse, meist in Ecken und Kanten, gehen immer bis zum Laminat durch. Sie sind als ernster Schaden zu sehen, da die Reparatur wegen der farblichen Oberflächen-Anpassung schwierig ist. Wenn sie nicht wirklich gelingt, dann wird die Fläche fleckig.

Wenn auf den Bordwänden größere Flächen mit Haarrissen bedeckt sind, handelt es sich meist um die Folgen einer Kollision (auch innen überprüfen).

Kratzer sind aus dieser Sicht nicht ganz so schwerwiegend, da sie oftmals nicht ganz durch den Gelcoat durchgehen.

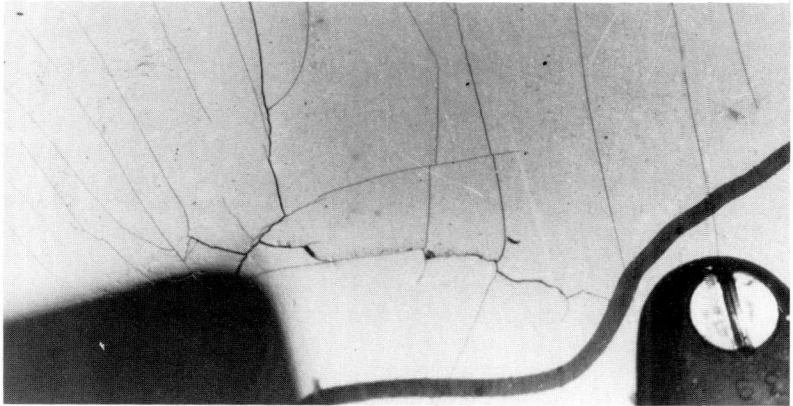

Hier sehen Sie Haarrisse, die nicht nur durch Oberflächen-Spannung entstanden sind; sie wurden durch mechanische Einwirkung ausgelöst. Solche Schäden sind nur schwer zu reparieren, und die Reparatur ist sehr aufwendig.

Farbe und Lack

Unabhängig vom Material sind viele Flächen gemalt und lackiert. Klarlack, meist bei Holz angewandt, läßt den Blick auf das darunter liegende Material zu. Verdeckte Schäden gibt es kaum. Durch ständige Einwirkung von Feuchtigkeit verfärbt sich das Holz und zeigt schwarze Flecke und Schlieren, die sehr tief gehen und nur schwer zu beseitigen sind. Man findet sie meist im Bereich von Beschlägen und Holzverbindungen. Sie deuten schlicht und einfach darauf hin, daß der Lack von Feuchtigkeit unterwandert ist und der Schaden über mehrere Jahre nicht behoben wurde. Das sind optische Schäden, die Festigkeit ist nicht gefährdet. Schlimmer sind solche Stellen in den Verbänden und der Außenhaut. Je nach Alter der feuchten Stelle wird das Holz weich und gammelt ganz tief durch. Wo man solche Flecke suchen muß, finden Sie auf Seite 72.
Abblätternder, farbloser Lack ist im wesentlichen eine Folge mangelnder Pflege und an Stellen, wo das Holz immer wieder austrocknen kann, ungefährlich, solange die Flächen nicht restlos verfärbt sind. So weit verwitterte Lackflächen zwingen aber zu dem Schluß der Ungepflegtheit und gehen auf das Minus-Konto.

● Mit Farbe gestrichene Flächen verdecken das Material. Man weiß nicht genau, ob der Werkstoff unter der Farbe gesund ist. Das bedeutet natürlich nicht, daß man das ganze Schiff abbeizen muß, um das festzustellen. Die Wahrscheinlichkeit ist sehr groß, daß unter glatten Flächen auch das Material gesund ist. Dort aber, wo Runzeln, Unebenheiten, Stufen, Falten, Pikkel oder Blasen zu sehen sind, ist die Wahrscheinlichkeit groß, daß etwas „faul" ist. Man kann eigentlich unabhängig vom Baumaterial sagen: Solche Stellen müssen untersucht werden. Sie sind in Ecken, in der Nähe von Beschlägen oder räumlich starken Krümmungen weniger bedeutsam als auf glatten Flächen, aber drunter gucken sollte man auf jeden Fall. Im allgemeinen reicht ein Taschenmesser, besser geeignet ist ein Dreikantschaber, um die Stellen freizulegen.
Ich weiß, daß den Eignern, die verkaufen wollen, bei diesen Sätzen die Haare zu Berge stehen. Immerhin muß man damit rechnen, daß Käufer wie ein Heuschreckenschwarm über das Schiff herfallen und überall kratzen wollen. Aus diesem Grund möchte ich das hier ein bißchen vertiefen:

Bevor Sie als Käufer auf einem Schiff zu „kratzen" anfangen, müssen Sie den Eigner fragen. Am besten, der Eigner legt diese Stellen selbst frei. Man kann sich auf zwei, drei Stellen beschränken, um zu sehen, welche „Krankheit" das ist. Die Skizzenfolge rechts soll das verdeutlicher. Profis können Reparaturen und Krankheiten des Materials ziemlich gut verstekken, um so wichtiger scheint es, solchen Spuren nachzugehen.

Ich habe absichtlich nicht auf Fotos zurückgegriffen, da man in den Zeichnungen die Merkmale besser betonen kann. Es ist also einiges übertrieben dargestellt und in Wirklichkeit in dunklen Winterlager-Hallen oder unter Deck keineswegs so eindeutig zu sehen.

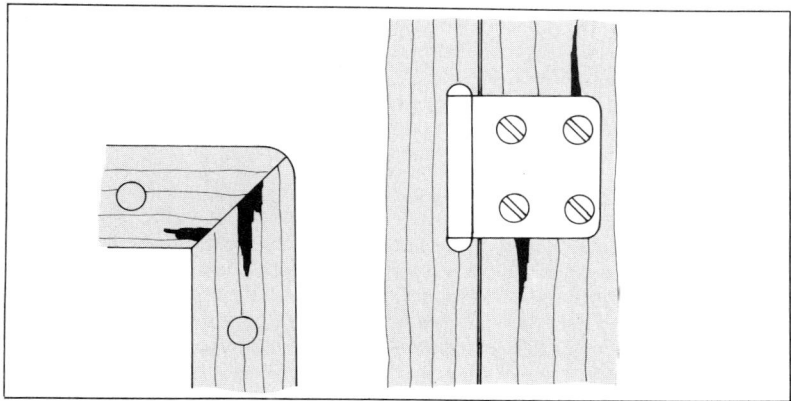

In mit farblosem Lack lackierten Holzteilen gibt es keine verdeckten Schäden. Das Eindringen von Feuchtigkeit führt zur Lackablösung, zu Rissen im Lack und verfärbt bei längerer Einwirkung das Holz. Wenn durch dauernde Feuchtigkeitseinwirkung das Holz nicht mehr austrocknet, fängt es an diesen Stellen an zu gammeln und wird schwarz. Der optische Schaden ist dann nicht mehr zu beheben. Festigkeitsmäßig ist allerdings keine Beeinträchtigung da, wenn das Holz einmal ausgetrocknet und wieder überlackiert ist. Man kann natürlich versuchen, mit dem Teppichmesser die schwarzen Stellen herauszuschneiden, und mit einem gleichartigen Holzkitt die Löcher auffüllen, dann ist der optische Restschaden vielleicht nicht mehr ganz so groß.

49

Falsch behandelte oder überdeckte Schäden in der Nähe von Beschlägen, Krümmungen und Materialverbindungen.

(1) Nachträglich aufgepinselte Farbschichten lassen sich nur selten durch Farbunterschiede feststellen, da die Pigmentierung der Lacke, computergesteuert, über viele Jahre den gleichen Farbton garantiert und gute Bootslacke auch durch Witterungseinflüsse ihre Farbe kaum verlieren. Erkennen kann man die nachträglich aufgebrachte Farbschicht im allgemeinen nur durch einen feinen Absatz, der sich fast nicht erfühlen und nur optisch durch die unterschiedliche Lichtbrechung erkennen läßt. Die nachträglich aufgebrachte Farbschicht ist im Prinzip kein negativer Punkt, wenn es richtig gemacht ist.

(2) Die Farbschicht ist an den Beschlägen hochgemalt. Das ist eigentlich ein schlechtes Zeichen, da der Grund für das Übermalen ein Schaden an der Oberfläche, und sei es nur Verwitterung, gewesen sein muß. Da die Farbe an dem Beschlag nicht wirklich abdichtet, dringt dort sehr schnell Feuchtigkeit ein, und das Material unter der Farbe und unter dem Beschlag gammelt weiter. Und selbst wenn die Farbe am Beschlag wirklich hält, reißt sie in kurzer Zeit zwischen Beschlag und Oberfläche, auf der Beschlag montiert ist. Durch den Riß dringt dann die Feuchtigkeit ein, und es ist nur eine Frage der Zeit, bis man an so einer verdeckten Stelle eine Leckage hat.

(3) Sehr schwer festzustellen sind gut gespachtelte Schäden. Meist sind sie nur durch ganz leichte Wölbungen der Oberfläche zu erkennen, weisen dann aber eindeutig auf eine Reparatur hin, deren Ursache schon etwas schwerwiegender gewesen sein müßte. Zum Beispiel schlecht befestigte Relingsstützen, die bei Überlastung ein Stück Gelcoat oder sogar ein Stück Matte mit aus dem Deck reißen, oder mechanische Einwirkung oder eine länger nicht reparierte Stelle, an der das Material bereits in stärkeren Schichten vergammelt ist.

(4) Unter dem Beschlag gammelt so eine halbherzige Reparatur weiter, egal ob Kunststoff, Holz oder Metall. Sie führt früher oder später zu einer Leckage. Man braucht natürlich bei der Besichtigung den Beschlag nicht abbauen zu lassen, sondern sieht sich die Unterseite an, ob schon eine Leckage vorhanden ist. Man muß es aber als Minuspunkt einstufen, da die Reparatur im Rahmen einer Herbstüberholung mindestens zwei Stunden in Anspruch nimmt (wenn die Schrauben zu lösen sind, wenn es nicht schon zu weit vergammelt ist, wenn die Temperaturen ein vernünftiges Lackieren zulassen, wenn der Beschlag überhaupt ohne Schwierigkeiten abzubauen ist usw. usw.).
Die Auswirkungen je nach Baumaterial sind unterschiedlich, deshalb seien sie hier noch kurz aufgelistet.

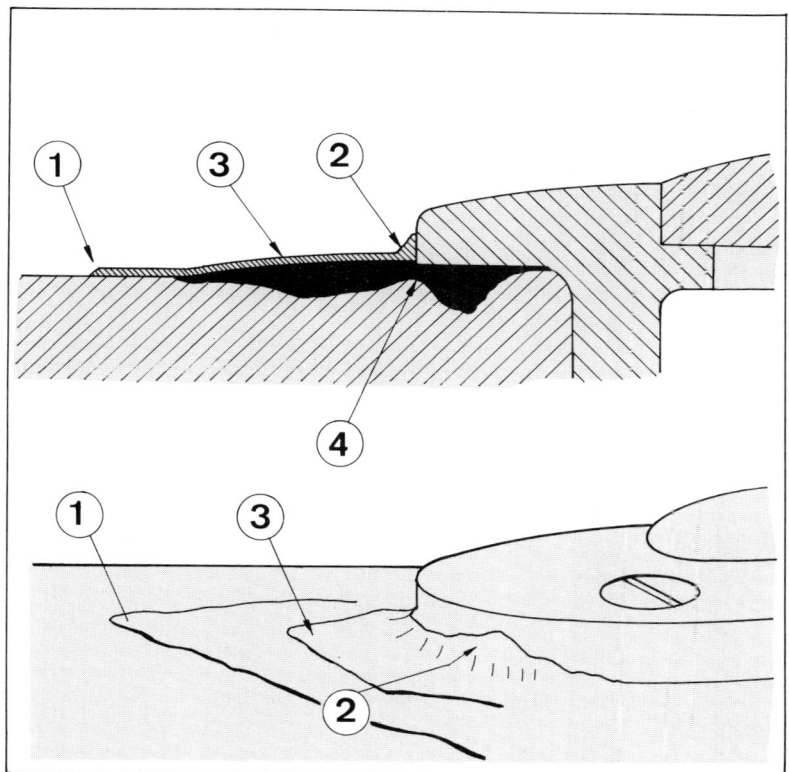

● **Kunststoff:** *Bei Kunststoff-Yachten ist eine solche Reparatur nicht leicht zu verbergen, da die Gelcoats, auch wenn sie noch so gut sind, im Laufe der Jahre abwittern und sich verfärben (das muß nicht immer Ausbleichen sein). Erst wenn die Boote nach 10 Jahren (früher sollte es nicht notwendig sein) neu gepinselt oder gespritzt wurden, kann man das mit Farbe einigermaßen abdecken. Es gibt natürlich Stellen, die optisch so eingegrenzt sind, daß man (wenn die ganze Fläche neu gespritzt oder gepinselt ist) die Reparatur nicht oder nur schwer sieht. Das heißt aufpassen, wenn irgendwelche Teilbereiche auf Kunststoff-Schiffen gepinselt sind.*

● **Holz:** *Hier gibt es nur unter Farbschichten etwas zu verbergen. Bei Klarlack ist praktisch keine Möglichkeit, etwas zu verstecken, gegeben. Aber auch unter den Farbschichten ist es bei Holz schwierig, Schäden zu verbergen, da Holz, auch wenn es noch so tot und von Leim- oder Kleberschichten durchdrungen ist, doch „lebt" und die darüber liegenden Lackschichten reißen und damit andeuten, daß darunter irgend etwas nicht stimmt.*

● **Metall:** *Bei Metall-Schiffen (Stahl oder Aluminium) ist die an Beschlägen hochgemalte Farbe immer ein negatives Zeichen. Der „Rost" sitzt nicht nur außerhalb des Beschlages, sondern auch unter dem Beschlag selbst. In Verbindung mit der vorprogrammierten Ablösung oder dem Reißen der Farbe am Beschlag dringt wieder Feuchtigkeit ein, die Oxydation geht weiter, bis sie schließlich zu Leckagen führt.*

Neben der eigentlichen Oxydation (bei Stahl als Rost bezeichnet) treten natürlich auch noch elektro-galvanische Probleme auf, da durch solche Schäden die verschiedenen Metalle, ohne isolierende Lack- oder Dichtungsschicht, durch das Seewasser in Verbindung geraten.

Ich möchte hier nicht wieder an der Bläschen-Krankheit schüren, aber auch ▶ *bei Gebrauchtbooten und besonders bei solchen mittleren Alters (3 bis 20 Jahre) gibt es die als Osmose bezeichnete Bläschen-Krankheit. Bläschen aber sind nicht gleich Bläschen. Es gibt eine Reihe von Blasen, die stammen nur aus falsch angewandtem Reparatur-Material, und das ist die überwiegende Zahl. Wenn man z. B. versucht, ein kleines Loch (und sei es nur so groß wie ein Stecknadelkopf) zu reparieren und aus Unwissenheit oder Zeitmangel schnell härtende Spachtelmassen einsetzt und dann 2-Komponenten-Lack darüberpinselt, sind Bläschen sicher. Der Grund: Schnell härtende Spachtelmassen sind nicht lösungsmittelfrei. Sie härten zwar, aber es dauert 4 bis 8 Wochen, bis das Lösungsmittel aus der Spachtelmasse heraus ist. Und wenn so eine Stelle mit 2-Komponenten-Lack, der als starke Diffusionsbremse eingestuft werden muß, überdeckt wird, treibt das Lösungsmittel die Lackschicht in Bläschen hoch. Das ist zwar als negativer Punkt einzustufen, aber bei weitem unbedenklicher als die wirkliche Osmose.*
Über Wasser handelt es sich immer um Bläschen, die dadurch entstehen, daß ein nicht lösungsmittelfreies Material (1) zu früh mit einem 2-Komponenten-Material (2) überdeckt wurde.
Die eigentliche Osmose findet nur im Unterwasserbereich statt, dort wo durch

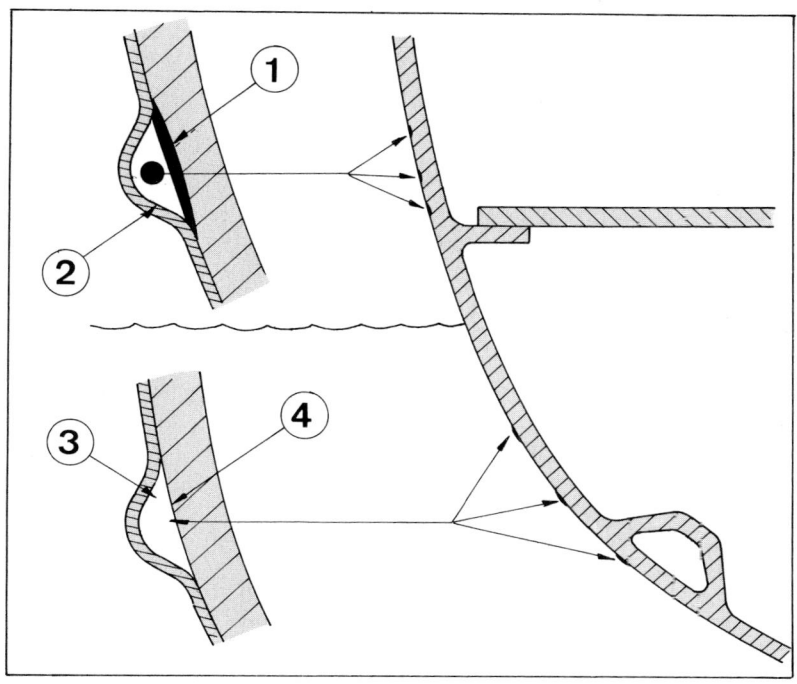

Benutzung falschen Harzes oder durch falsche Verarbeitung (bereits beim Hersteller) Wasser in das Material diffundieren kann und dann die Gelcoat-Schicht bläschenartig hochtreibt (3, 4).

Wenn Sie ein Schiff kaufen wollen, das im Unterwasserbereich diese osmotischen Bläschen hat, dann müssen sie sich darüber im klaren sein, daß die Reparatur (auf einer Werft gemacht) bei einem 10-m-Schiff ca. 4000 bis 5000 DM kostet. Aber wie ich schon eingangs sagte, nicht alle Bläschen deuten auf Osmose, die meisten stammen aus falsch eingesetztem Reparaturmaterial. In vielen Fällen läßt sich das auch feststellen, wenn man das Bläschen aufkratzt, dann findet man darunter entweder das Material, das durch sein Lösungsmittel zum Bläschen führte (Spachtel, Farbe usw.); handelt es sich aber um Osmose, so ist bis auf wenige Sonderfälle das nackte Rumpfmaterial (GFK oder Holz) zu finden.

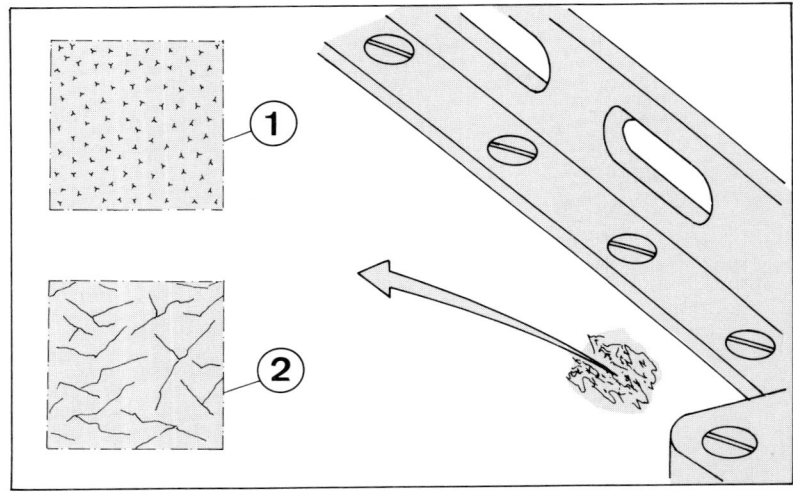

Das als Apfelsinenhaut (1) bezeichnete falsche oder schlechte Verfließen der Oberfläche von Lacken und Farben ist nur ein Hinweis darauf, daß die Farbe etwas zu dick und bei falschen Temperaturen aufgetragen wurde.

Es gibt natürlich Lacksorten, die so schlecht verfließen, daß sich immer eine Apfelsinenhaut bildet. Das ist kein tiefgreifender Schaden, die Fläche muß geschliffen und neu lackiert werden.

Den Dingen auf den Grund gehen sollte man allerdings, wenn die Oberfläche runzelig (2) ist. Die Runzeln unterscheiden sich von der Apfelsinenhaut dadurch, daß es sich um faltig hochgezogene Unebenheiten handelt. Solche Oberflächen sind immer ein Hinweis auf schlecht oder falsch eingesetztes Material, meist die Mischung von 1-Komponenten- und 2-Komponenten-Materialien oder z. B. zu frühes Auftragen der Deckschicht auf zu dicke Spachtelschichten usw. Natürlich auch ein Hinweis darauf, daß vielleicht Materialien verarbeitet wurden, die sich chemisch nicht miteinander vertragen und erst nach vielen Wochen abbinden, was sich meist durch runzelige oder gerissene Oberflächen abzeichnet.

Löcher in Rumpf, Deck und Aufbau

Löcher in Rumpf, Deck und Aufbau entstehen meist durch Umbauten. Diese Löcher haben eine Größe von max. 100 mm und sollten unter normalen Umständen die Festigkeit eines Schiffes nicht beeinträchtigen. Dementsprechend einfach ist die Reparatur. Gut reparierte Löcher dieser Größe sieht man nur von der Innenseite und kann sie dann (wenn es nicht zu viel ist) ohne Abstriche tolerieren. Man muß aber wissen, daß bei Kunststoff-Schiffen die Füllmasse des Loches bis zu einem Jahr oder noch länger schrumpft, wenn es nicht richtig gemacht ist. Und ob es richtig gemacht ist, sieht man immer nur auf der Rückseite, wenn die Reparatur sehr jung ist.

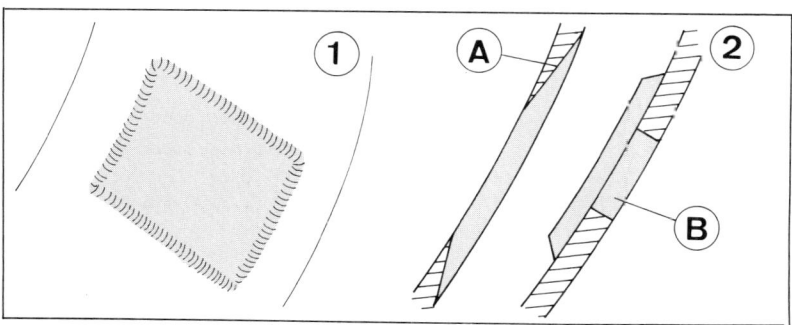

Sie sehen hier verschiedene Möglichkeiten, wie man Löcher an Rumpf, Deck und Aufbauten verschließen kann. Sie entstehen durch Versetzen von Gebern, Nachrüsten, Umrüsten von Instrumenten, Beschlägen und Seeventilen.

(1) Löcher in Metall-Schiffen werden zugeschweißt und auf beiden Seiten das Farbsystem großflächig genug aufgebaut, so daß auch die Fläche überdeckt ist, wo die Farbe durch die Hitze des Schweißens gelitten hat. Über Wasser kann man natürlich kleine Löcher durch Schrauben, Spachteln oder durch Abdecken mit Holz verschließen.

(2) Auf Holzbooten sind Löcher in Rumpf, Deck und Aufbauten richtig verschlossen, wenn das fehlende Stück eingeschäftet (A) wurde oder bei kleineren Löchern verpfropft (B) ist.

(3) Auf Kunststoff-Booten werden kleine Löcher zugespachtelt. Von 4 oder 5 mm aufwärts sollte Faserspachtel verwendet werden. Unter Wasser sollte man immer mit 2-Komponenten-Spachtel arbeiten, da er erstens nicht schrumpft, zweitens lösungsmittelfrei ist und drittens kein Wasser zieht.

(4) Löcher über 2 cm Größe sollten von innen überlaminiert sein. Von außen kann mit Faserspachtel aufgefüllt sein, der allerdings sehr stark zum Schrumpfen neigt. Das gilt prinzipiell für alle Polyester-Materialien, die bei Stärken von ungefähr 5 bis 8 mm innerhalb eines Jahres um etwa 1 mm schrumpfen, so daß die Oberfläche dann eingezogen wird und der Lack reißt.

(5) Eine gute Alternative ist das Auffüllen eines Loches mit Bootsbausperrholz (A). Voraussetzung allerdings – innen ist laminiert. Wenn die Abdeckung im Unterwasserbereich nicht mit 2-Komponenten-Material erfolgte, bilden sich nach dem Lackieren (in den darauf folgenden 1 bis 2 Jahren) Blasen, die zwar osmotischer Natur sind, aber vom Lösungsmittel stammen.

(6) Größere Löcher in Kunststoff-Schiffen (über 10 cm) sollten von innen zulaminiert (A) werden. Von außen ist der Rand angeschäftet, und es wird ebenfalls laminiert (B).
Wenn hier nicht das richtige Material gewählt wurde, wird, wie schon erwähnt, die Oberfläche schrumpfen, die Lackschicht reißen, oder es werden sich, wie im Unterwasserbereich üblich, Bläschen bilden.
Solche Erscheinungen bedeuten neue Reparatur, müssen als negativ und preisdrückend eingesetzt werden.

Größere Reparaturen

Eine größere Reparatur ist meist Folge von Kollision oder falscher Konstruktion. Solche Reparaturen müssen für das Schiff nicht grundsätzlich ein Nachteil sein. Es gibt eine Reihe von „Serienprodukten", die nach einer Reparatur (z. B. Kielbereich) besser sind als vorher. Dennoch muß man sich in solchen Fällen die Frage stellen, ob durch die Reparatur alle Schäden beseitigt worden sind. Spuren, die auf solche Reparaturen hindeuten, sind aufs genaueste zu untersuchen, im Zweifelsfall ein Fachmann (Sachverständiger) zu Rate zu ziehen.
Ich möchte das an einem Beispiel aufzeigen, das symptomatisch ist für schwere Grundberührungen und Kollisionen. Ein Segelboot wurde auf Grund gesetzt, durch den Stoß brach der Mast, das Boot wurde aber, ohne

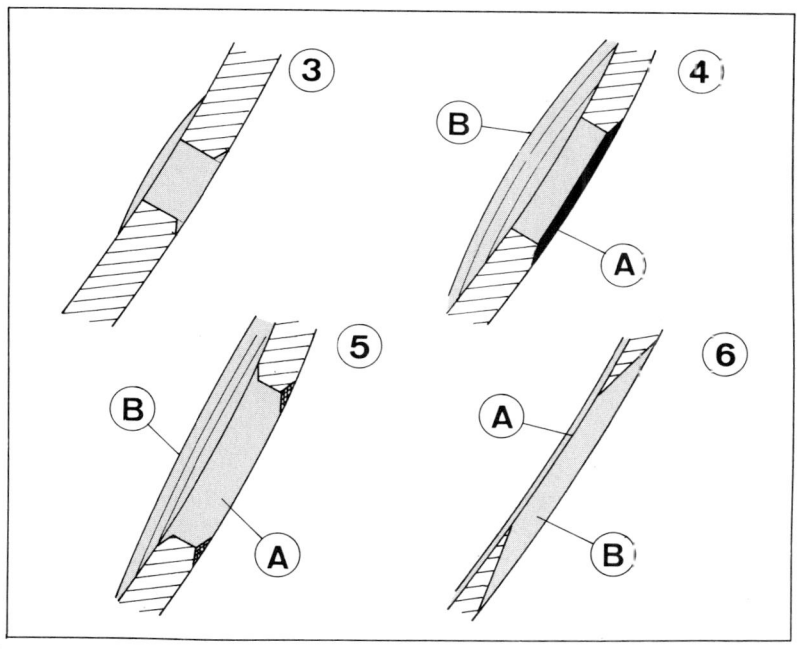

Wasser zu nehmen, in den Hafen geschleppt, aus dem Wasser genommen, und es zeigten sich im Kielbereich einige „unbedeutende" Risse. Daraufhin wurde der Kiel abgenommen, innen und außen je drei Lagen überlaminiert, und nach der Montage eines neuen Mastes wurde weitergesegelt. Erst zwei Jahre später wurde festgestellt, daß sich das Hauptschott im Laminat gelöst hatte, die Rumpf-Deck-Verbindung im Bereich der Wanten geplatzt war und der Rumpf durch die unsachgemäße Reparatur weich gefahren war. Das ist sicher ein Extremfall, aber er zeigt, wie sehr man beim Kauf von Gebrauchtbooten darauf achten muß, ob schwerwiegendere Reparaturen durchgeführt und wenn ja, ob sie richtig durchgeführt wurden.

Denn wie dieses Beispiel zeigt, wußte der Eigner hier zwei Jahre lang nicht, daß das Schiff nicht richtig repariert war. Er hätte also auch zu dem Thema „verborgene Mängel" nichts sagen können, da seiner Meinung nach die Reparatur fachgerecht durchgeführt war. Tatsächlich aber hätte man das Schiff einer genauen Inspektion unterziehen müssen, denn wenn ein Mast durch ein gerissenes Want abknickt, dann sind Kräfte aufgetre-

Hier ist der Versuch unternommen worden, zu zeigen, daß eine Kollision Folgen haben kann, die u. U. bei einer Reparatur nicht bedacht wurden, ohne unterstellen zu müssen, daß es sich um einen verdeckten Mangel handelte. Wie bereits beschrieben, fährt ein Segelboot auf Grund (1), die Kielsohle (2) bekommt einen Riß, durch den langsam Wasser sickert. Ein Want (3) reißt, dadurch bricht der Mast (4). Gleichzeitig wird die Rumpf-Deck-Verbindung in ihrer Verklebung (5) aufgerissen und das Querschott (6) aus seiner Verankerung gebrochen.

Der Schnitt rechts unten zeigt eine korrekte Reparatur und die möglichen Folgen: (A) Riß in der Kunststoff-Schale; (B) mindestens in gleicher Dicke überlaminiert (dazu gehören dann auch noch außen 3 Lagen). Diese Reparatur hat zur Folge, daß die Kielbolzen (C) verlängert werden müssen. Das wiederum führt auch dazu, daß der Fußboden (D) angehoben werden muß. Dieses Beispiel soll zeigen, daß, wenn man im Kielbereich eine Reparatur findet, man nicht irgendwelchen aufgepappten Matten vertrauen kann, sondern aus der Art der Reparatur die auflaminierte Materialstärke deutlich sichtbar werden muß. Ist das nicht der Fall, sollte man mit Genehmigung des Eigners den Rumpf mit einem etwa 4 mm dicken Bohrer anbohren und die Materialstärke messen.

Die Folgen des Unfalls können natürlich sehr verdeckt sein, wenn das später unbelastete Schott wieder in seine Verankerung rutscht (X).

Bei genauer Untersuchung aber wird deutlich, daß das Laminat am Holz nicht mehr festsitzt. Wenn Sie so eine Stelle entdecken, lohnt es sich, unter Belastung (beim Segeln) diese Stellen noch einmal zu überprüfen. Dann würde man nämlich sehen können, ob sich das Schott in seiner Verankerung bewegt oder nicht.

Das Aufplatzen der Rumpf-Deck-Verbindung im Bereich der Wanten als Folge der Kollision bleibt natürlich auch unentdeckt, wenn man nicht ganz gründlich vorgeht und in den Schapps oder hinter der Verkleidung den haarfeinen Riß zwischen Rumpf und Deck sucht bzw. bemerkt, daß die Scheiben der Rumpf-Deck-Verschraubung in den Kunststoff hineingezogen wurden.

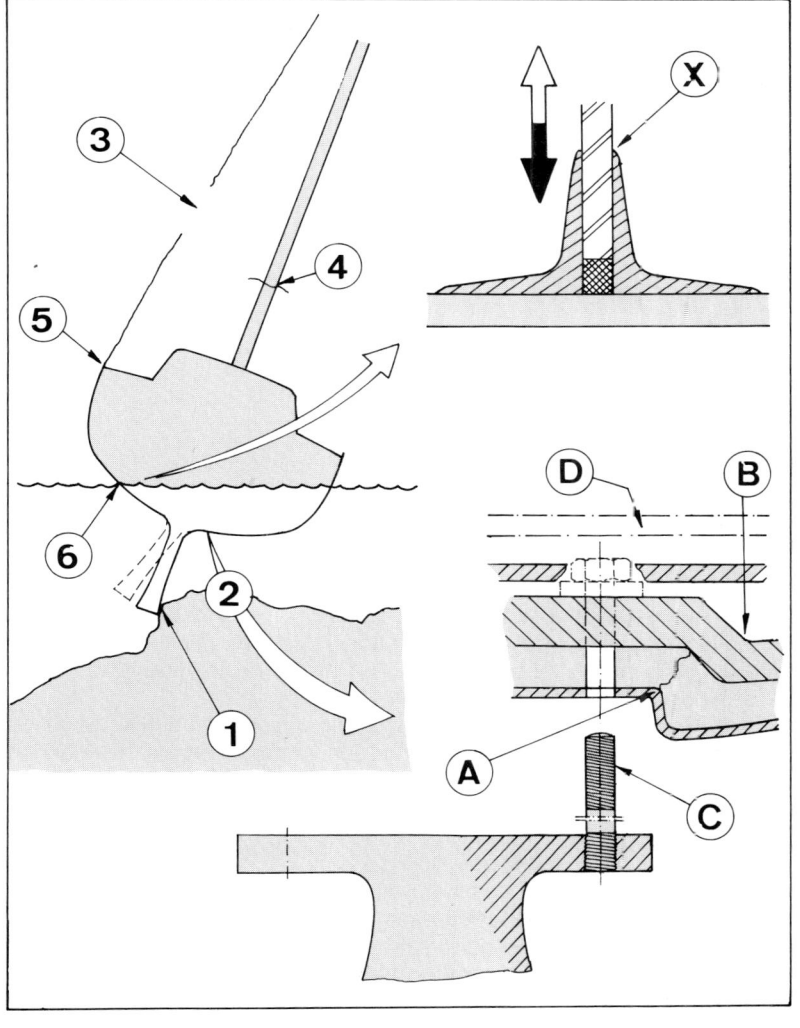

ten, die in der Größenordnung der Verdrängung liegen, und das geht in die Verbände. Auch ein Riß im Kielbereich ist nicht damit aus der Welt, daß man außen und innen je 3 Lagen Matte überklebt, da der Riß durch die gesamte Außenhaut führt und dort auftritt, wo die Belastung des Materials am stärksten war. Das heißt, hier muß eine Verstärkung angebracht werden, die mindestens der Rumpfstärke in diesem Bereich entspricht. Man hätte außerdem das Schott neu einlaminieren und die Rumpf-Deck-Verbindung neu verkleben müssen.

Allgemeinzustand und Bauteil-Check

Man muß ja systematisch vorgehen, wenn man einigermaßen wissen will, in welchem Zustand sich ein Schiff befindet. Genaugenommen führt kein Weg an einer langen, mühsam zusammengestellten Check-Liste vorbei. Diese Liste darf sich allerdings nicht auf das Inventar des Schiffes beschränken. Sie muß die Hauptbauteile der Yacht enthalten, die Verschleißteile und schnell alternde Baugruppen sichtbar machen. Diese Liste von Null aufzubauen, ist schwierig. Es ist einfach, eine vorhandene anzupassen und zu vervollständigen (siehe Anhang).
Natürlich gehört einige Erfahrung dazu, mit dieser Liste durchs Schiff zu krabbeln und die Teile durchzuchecken. Am besten nimmt man jemanden mit. Ihr Begleiter liest die Punkte vor und hakt ab. Sie begutachten die entsprechenden Teile und sagen gut, schlecht oder mittel. Noch besser eignen sich Begriffe, die den Sachverhalt beschreiben, wie angegammelt, zu viel Spiel, Leckage, Haarrisse usw.
Wenn Sie nach diesem Durchgang die Liste betrachten, bekommen Sie einen ganz guten Überblick. Man kann dann die negativen Punkte noch einmal durchgehen, und mit diesem Wissen läßt sich meist ein vernünftiger Preis finden. Zumindest können Sie davon ausgehen, daß Sie nicht allzu viele unliebsame Überraschungen nach dem Kauf erleben.

Lesen Sie die nächsten Abschnitte gründlich durch. Falls das für Sie böhmische Dörfer bleiben, rate ich Ihnen, einen Sachverständigen zu beauftragen oder mitzunehmen. Er kostet weniger als Sie denken (siehe dort). Doch die meisten Dinge, die hier beschrieben sind, sollten eigentlich schon aus seemännischer Sicht zum Allgemeinwissen eines Skippers gehören. Das einzige, was der Sachverständige dann voraus hat, ist die Erfahrung in der Beurteilung, wieweit ein Schaden fortgeschritten ist oder wieweit der Allgemeinzustand dem absoluten Alter der Yacht entspricht.

Der Rumpf

Der Allgemeinzustand eines Rumpfes wird von außen und von innen beurteilt, und zwar einmal an Land und in einem zusätzlichen Durchgang im Wasser.
Wichtig: Man sollte kein Boot ohne Probefahrt kaufen!

Geprüft wird:

● **Oberfläche außen** – Zur Kontrolle muß das Boot aus dem Wasser, und zwar nicht mal eben mit dem Kran anheben, sondern für einen halben Tag. Dabei läßt sich nämlich sehr gut feststellen, ob die Außenhaut des Unterwasserschiffes in Ordnung ist. Wenn der Rumpf nach 3−4 Stunden ganz trocken wird, kann man ziemlich sicher sein, daß keine wesentlichen Kinken an der Außenhaut vorhanden sind. Wenn aber irgendwo eine nasse Stelle bleibt oder sogar Wasser (sei es nur in haarfeinen Fäden) herausläuft, sollten Sie diese Punkte genau unter die Lupe nehmen (Messer, Dreikantschaber, Bohrmaschine usw.).

Natürlich wird alles, was sich an Spuren zeigt, nach den im Kapitel Oberflächenschäden aufgeführten Gesichtspunkten analysiert.

● **Bordwände** – An den Bordwänden sollte man auch nicht nur einfach vorbeigehen und sich über den Glanz freuen. Bei gründlichem Hinsehen werden Sie überrascht sein, was man da plötzlich alles sieht. Nicht nur bei Kunststoff-Booten sollte man auf Haarrisse achten, die von Rammings stammen könnten. Besonders dort sind die Innenteile ganz gründlich zu untersuchen.

● **Ruder** – Die optische Kontrolle des Ruders besteht darin, daß man überprüft, ob der Ruderschaft senkrecht steht oder durch einen Schlag verbogen ist. Natürlich werden äußere Schäden am Ruder kontrolliert. Schwierig ist die Kontrolle des Lagerspiels, da die für Ruderlager verwendeten Werkstoffe an Land austrocknen (das Ruderspiel wird größer) und im Wasser quellen (Ruderspiel wird kleiner). Wenn man das Lagermaterial nicht kennt, sollte man deshalb keine voreiligen Schlüsse ziehen. Am besten ist die Kontrolle im Wasser bei der Probefahrt; wenn das Ruder nicht schlägt oder stößt und schwingt, kann man beruhigt sein. Wenn Sie das Schiff zur Überprüfung aus dem Wasser holen, dann sollte das Ruderspiel nicht größer als ½ mm sein.

● **Welle und Propeller** – Je nach Antriebsform gibt es verschiedene Kriterien zu überprüfen.
Der Propeller darf an den Flügeln keine Kinken haben, die größer sind als ein halber Pfennig (Unwucht!).
Zeigt der Propeller Kavitationserscheinungen (lochartig angefressene Oberfläche), ist mit der Propellergröße und der Drehzahl irgend etwas nicht in Ordnung!
Wenn Sie den Eindruck haben, daß der Propeller schon lange nicht mehr abgebaut war (Mutter, Splint und Scheibe bewachsen), sollten Sie versuchen, ihn abzubauen.
Prüfen Sie die Opferanoden. Wenn sie sehr runtergegammelt sind, sollten Sie noch kritischer werden.
Klapp- und Verstellpropeller werden selbstverständlich auf ihre Funktion überprüft.
Bei Z-Antrieben und S-Antrieben sowie Außenborderschäften sollte man außerdem überprüfen, ob Ölspuren auf eine undichte Propellerwelle hinweisen.
Die normale aus dem Rumpf geführte Welle hat im allgemeinen ein selbst schmierendes Gummilager, dessen Spiel nicht größer als ½ mm sein sollte.

● **Seeventile, Geber, Erdungsschwamm** – Bevor man das Schiff aus dem Wasser nimmt, sollte man alle Seeventile schließen, dann steht noch Wasser in den Schläuchen, und man kann nach dem Abtrocknen des Rumpfes sehen, ob die Seeventile dicht sind. Häufig sind es nur Verunrei-

nigungen im Ventilsitz, Bewuchs oder Seegras, die ein totales Verschließen des Seeventils verhindern. Kontrollieren muß man es aber.
Eine genaue, ebenfalls nur optische Kontrolle gilt allen Gebern, dem Erdungsschwamm und allen sonstigen Teilen, die durchgebolzt oder an den Rumpf geschraubt sind.

● **Galvanische Korrosion** − Wenn das Schiff im Wasser liegt, werden verschiedene Metalle durch das Wasser elektrisch leitend miteinander verbunden. Das führt, der elektro-chemischen Spannungsreihe folgend, zu schweren Schäden, wenn nicht durch Opferanoden ein Schutz geschaffen wird. Welle und Propeller sind meist durch Zinkringe an der Nabe und kleine Opferanoden am Schaft oder am Lager bzw. dem Wellenaustritt geschützt.
Auf Metallrümpfe wird unter dem entsprechenden Material näher eingegangen.

● **Rumpf von innen** − Hier ist ein Punkt erreicht, an dem man materialspezifisch trennen muß. Allgemein gilt: Bei der Besichtigung muß alles Wasser aus der Bilge. Es gibt kein Argument, das dies verhindern sollte. Der Grund müßte einleuchtend sein. Die Bilge ist auf der Rumpfinnenseite am meisten belastet, und zwar durch den Wechsel von Wasser und Luft. Wenn es in einem Rumpf gammelt, dann beginnt es in der Bilge.
Für die Inspektion des Rumpfes von innen sollten Sie alle Bodenbretter herausnehmen, Wandverkleidungen abbauen, Schrankwände herausnehmen. Und wenn man die Stauräume unter den Kojen oder die Tanks nicht richtig besichtigen kann, dann müssen auch die Kojenböden abgebaut werden. Es gilt jetzt, die Verbindungen des Rumpfes mit Spanten, Schotten, Stringern und den übrigen Einbauten zu überprüfen.

Sie sind jetzt auf der Suche nach

● Oberflächen-Schäden am Material (Rost/Metall, Fäule/Holz, Auflösungserscheinungen/Kunststoff)

● haarfeinen Rissen an den Verbindungen und

● Spuren von Leckagen an den Seeventilen, Gebern, an Schrauben und Bolzen, die von außen kommen. Das wird sichtbar durch Oxydations- und Schmutzspuren, die Leckagen andeuten.

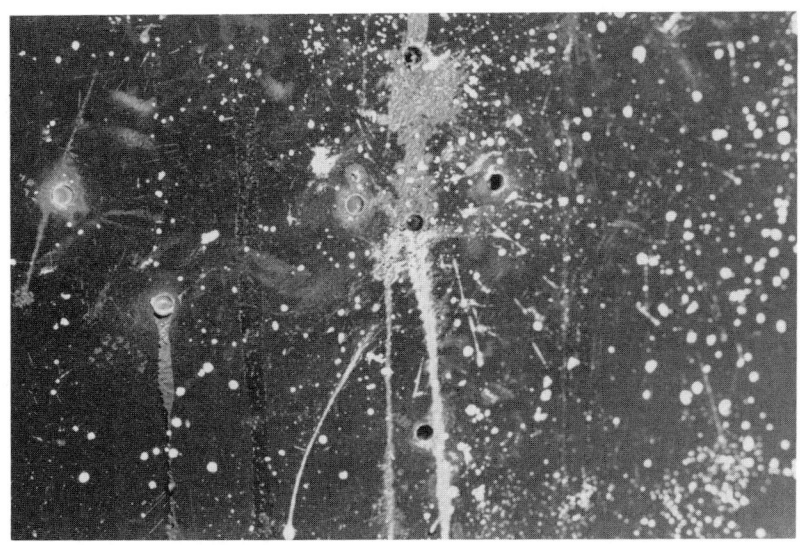

Kontrollbohrungen an einem Kiel. Es handelt sich um einen von der Werft ganz mit GFK beschichteten Flossenkiel aus Blei. Alter des Schiffes 3 ½ Jahre. Es war nur im Sommer im Wasser. Beim Verkauf wurde es zur Kontrolle aus dem Wasser genommen. Nachdem der Rumpf abgetrocknet war, zeigte sich 30 cm über der Kielsohle ein ganz dünner Wasserfaden, der aus einer kleinen, feuchten Stelle lief. Ein Loch, ein Riß oder irgendeine andere Beschädigung war optisch nicht sichtbar. Wir machten eine Probebohrung mit einem 5-mm-Bohrer bis zum Blei. Als wir den Bohrer aus dem Loch nahmen, kam uns ein richtiger Wasserstrahl entgegen. Wir klebten das Loch gleich wieder zu, um das Wasser nicht zu weit ablaufen zu lassen, und gingen mit dem Bohrer Stück für Stück nach oben, bis wir wußten, daß der Kiel bis zum Flansch mit Wasser gefüllt war. Ein Problem, das man sehr häufig findet, da der glasfaserverstärkte Kunststoff nach dem Aushärten weiter schrumpft und sich vom Kiel löst. Nachdem wir an der Kielsohle alle 10 cm ein Entwässerungsloch gebohrt hatten und das Wasser rausgelaufen war, klang beim Abklopfen der Kiel auch ganz hohl. Mit einem Draht konnten wir durch die Probebohrung feststellen, daß ein Hohlraum von 3 bis 10 mm zwischen Blei und Kiel entstanden war — siehe nächstes Bild.

*Nachdem wir wußten, daß der Kiel ganz hohl war, schnitten wir mit dem Win-
kelschleifer Stück für Stück herunter und fanden kaum eine Stelle, an der der
Kunststoff noch haftete.*
*Wenn Ihnen so etwas passiert, so sollten Sie nicht versuchen, den Kiel wieder
überlaminieren zu lassen. Er wird nur gespachtelt, mit einem geeigneten Dick-
schicht-Farbsystem geschützt.*

Kunststoff-Rümpfe

Kunststoff-Rümpfe sind zu 99 % aus glasfaserverstärktem Polyester. Das
ist ein Material, das über viele Jahre sehr pflegearm ist, aber den Nachteil
hat, daß es dort, wo es offenliegt, Wasser zieht, quillt und weiterplatzt. Das
ist an allen Oberflächen-Verletzungen wie Haarrissen, mechanischen
Beschädigungen, die durch den Gelcoat durchgehen, der Fall. Glasfaser-
verstärkter Kunststoff ist durchsichtig und am besten kontrollierbar, wenn
er von innen nicht mit einem farbigen Top-Coat angemalt ist. Dort, wo er

nicht angemalt ist, kann man nämlich sehr gut Lufteinschlüsse und Über-
dehnungen des Materials durch weiß hervortretende Glasfäden sehen.
Das alles wird durch Farbe oder farbige Top-Coats verdeckt. Dennoch
kann man an der Innenseite sehr gut sehen (auch dann, wenn ein Top-
Coat drübergepinselt ist), ob es sich in der Nähe eines nicht zum Rumpf
gehörenden Bauteils um eine Verstärkung oder um eine Reparatur handelt. Bei vermutlichen Reparaturen sollte man die Haftung der Ränder
untersuchen, die Reparaturstelle auf Lufteinschlüsse kontrollieren und auf
mögliche Reste alter Top-Coats prüfen (graue Stellen unter der Oberfläche).

*Schnitt durch den Hauptspant einer Segelyacht aus Kunststoff. Das hier
Gesagte gilt analog für Motoryachten.*
*Überprüfen Sie ohne Rücksicht auf einen möglichen Zeitdruck alle Verbindun-
gen, ganz besonders den Kiel, die Rumpf-Deck-Verbindung und die Verbindung Kunststoff/Holz bzw. Kunststoff/Metall. Dazu muß man mit der Taschenlampe in jedes Schwalbennest leuchten und die Bodenbretter hochnehmen,
u. U. Wandabdeckungen abnehmen. Die Detailzeichnungen zeigen:*

*(A) Schnitt durch eine Rumpf-Deck-Verbindung. Es gibt ein halbes Dutzend
verschiedener Rumpf-Deck-Verbindungen bei Kunststoff-Yachten. Nur wenige
sind wirklich dicht. Deshalb gilt es, hier besonders auf Leckagen zu achten
und, sofern die mechanische Verbindung (Schrauben oder Nieten) freiliegt,
auch deren Zustand zu überprüfen.*
*Häufig werden Schrauben mit viel zu kleinen Scheiben angesetzt, so daß sie
im Laufe der Zeit in den Kunststoff eindrücken − ein typisches Zeichen für
eine gelöste Rumpf-Deck-Verbindung.*

*(B) Bei allen Holz/Kunststoff-Verbindungen muß die Werft viel Sorgfalt anwen-
den, wenn sie längere Zeit halten sollen. Deshalb gilt beim Kauf von
gebrauchten Booten, daß man alle diese Verbindungen genau untersucht, da
im Laufe der Zeit sehr leicht Ablösungserscheinungen auftreten.*
*Wenn Risse am Übergang zu finden sind, sollte man die Stelle unter Bela-
stung überprüfen (auf Segelbooten unter Segeln; auf Motorbooten bei einem
Sprung durch die Welle).*

*(C) Die Kielverbindung bei angeflanschten Kielen ist bei vielen Booten nicht
wirklich gut durchkonstruiert. Man sollte auf jeden Fall auf Leckagen achten
und beim Segeln überprüfen, ob der Rumpf möglicherweise zu weich ist.*

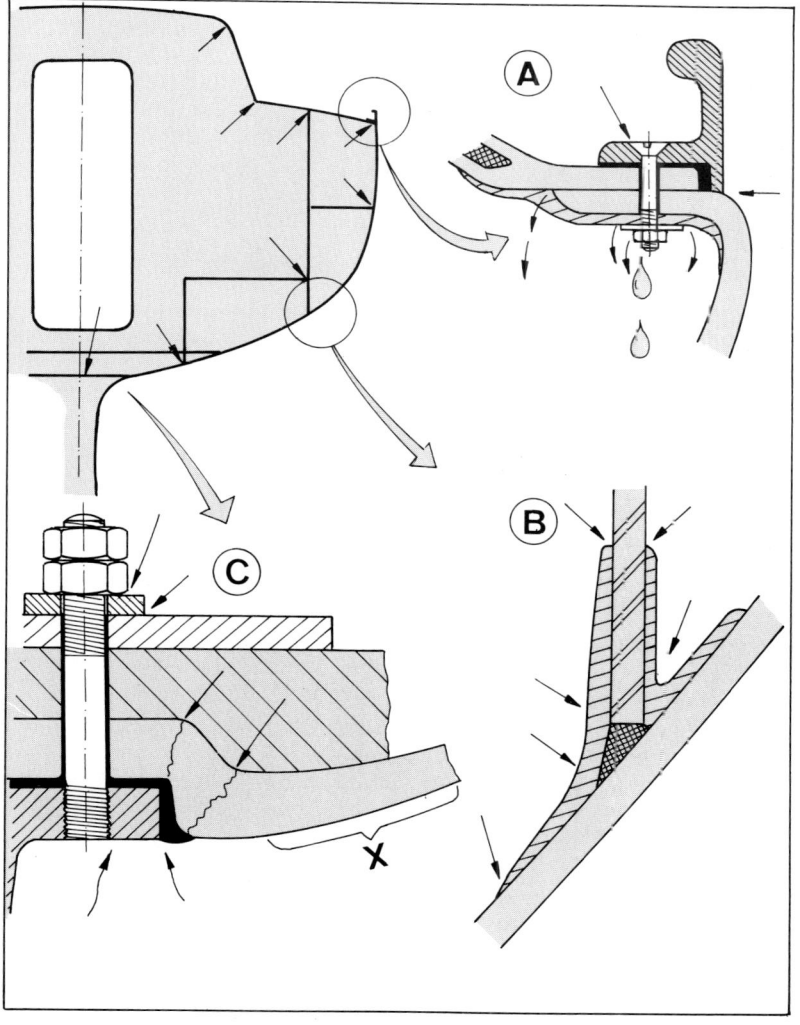

Hier sehen Sie Auflösungserscheinungen von glasfaserverstärktem Kunststoff. Die Stelle stammt aus einer Verbindung Schott/Außenhaut, die nach Grundberührung platzte. Man sieht hier an der Anhäufung von Glas, daß die Verbindung nicht ganz in Ordnung war und daß sie nur teilweise richtig gehalten hat.

Der Eigner dieses Bootes hat den Versuch unternommen, durch eine miserable Kielreparatur eine schwerwiegende Grundberührung zu verdecken. Die Reparatur wurde unsachgemäß in aller Eile gemacht, nicht einmal der alte Top-Coat wurde gründlich abgeschliffen, so daß ganze Laminatflächen abgehoben werden können.

Ferner sind alle GFK/Holz- und alle GFK/Metall-Verbindungen zu überprüfen, und zwar in erster Linie im Übergang der beiden Materialien. Ist dort ein Riß oder Spalt zu sehen, sollte man die Geschichte untersuchen.
Im Zweifelsfall bei der Probefahrt unter Belastung überprüfen, ob es sich nur um eine oberflächliche Erscheinung handelt oder das Schott in der Verbindung losgerissen ist.
Abgelöste Laminatwinkel und -verbindungen zeigen sich als weiße Einschlüsse unter der Oberfläche.
Wenn Sie auf solche Stellen stoßen, wie auf den Fotos gezeigt, sollten Sie die Finger von dem Schiff lassen, es sei denn, Sie wissen genau, was auf Sie zukommt.

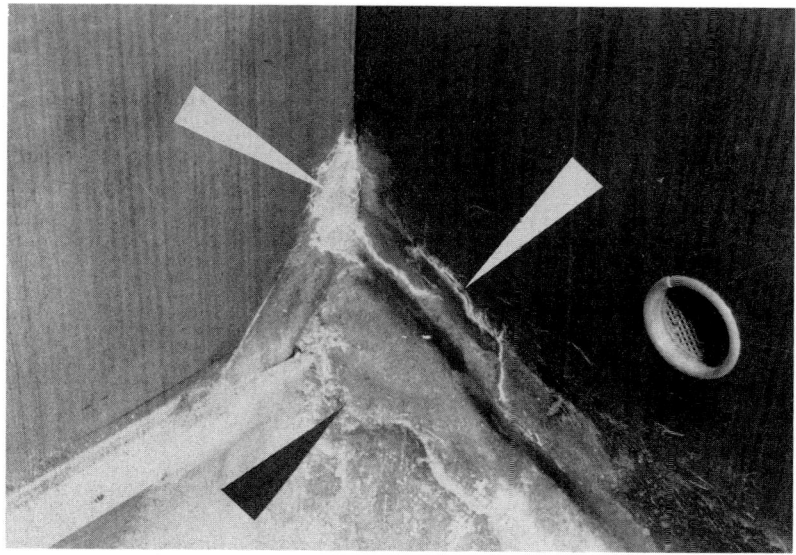

Ein aus der Verbindung mit dem GFK gerissenes Schott, als Folge einer Grundberührung. Deutlich ist zu erkennen, daß die kaputten Teile der Verbindung weiß werden. Nach dem Entfernen des Schotts konnte festgestellt werden, daß auch hier schon eine Notreparatur vorlag – siehe nächstes Bild.

So sah die Stelle nach Entfernen des Schotts aus. Auch hier sieht man, daß der unter der Reparaturstelle liegende Top-Coat nicht sauber abgeschliffen war, so daß der darüber laminierte Kunststoff nicht richtig haftete.

Holzrümpfe

Holz ist ein Baustoff, der nach korrekter Verarbeitung bei richtiger Pflege 100 Jahre und älter wird. Bei der Inspektion von Holzrümpfen muß man zwei grundlegend unterschiedliche Bauarten trennen.

1. Massivholz-Rümpfe
2. Sperrholz- und formverleimte Rümpfe

Überprüft wird bei beiden Arten, ob es leckt und gammelt und ob die Verbindung Außenhaut zu Spanten, Stringern, Wrangen und den übrigen Einbauten in Ordnung ist.

Bei Vollholz-Rümpfen ist die Gefahr des Gammelns besonders im Bilge-

Bereich sehr groß. Sperrholz- und formverleimte Rümpfe hingegen sind gegen Fäule resistenter, da die einzelnen Holzschichten von Kleber bzw. Bootsbauleim durchdrungen sind und praktisch einen „holzfaserverstärkten Kunststoff" darstellen.
Bei der Beurteilung geht es im wesentlichen darum, ob durch mangelnde Pflege das relative Alter zu schnell fortgeschritten ist.
Die Gefahrenstellen ersehen Sie aus der Zeichnung auf Seite 73.

Schnitt durch den Hauptspant eines Holzbootes. Die Ziffern kennzeichnen die Punkte, die man bei der Überprüfung besonders beachten muß.
1 = Rumpf/Kiel-Verbindung
2 = Holz/Metall-Verbindung
3 = Kiel-Flansch-Abdichtung
4 = Mechanische Verbindung Außenhaut/Spanten
5 = Außenhaut im Bilge-Bereich
6 = Rumpf/Deck-Verbindung
Bei formverleimten Rümpfen ist besonders der Stoß der einzelnen Planken (Furniere oder Sperrholz-Streifen) zu prüfen, und das speziell im Bilge-Bereich, ob dort durch ständige Feuchtigkeitseinwirkungen Auflösungserscheinungen im Gang sind.
Bei Massivholz-Rümpfen geht es in erster Linie darum, weiche Holzstellen zu finden. Und da ist es am besten, alles, was dunkel aussieht, mit dem Messer oder Marlspieker anzupiksen. Und wenn man die weichen Teile entfernt hat, weiß man, wie weit der Spant, der Kiel oder die Planke vergammelt ist. Dunkle Stellen und Feuchtigkeit sowie Salzreste und Ränder sind die Hinweise auf Leckagen, denen man nachgehen sollte.
Die geleimte bzw. geklebte Verbindung von Holzteilen ist so beschaffen, daß sie entweder hält oder bricht. Verbiegen wie bei Metall oder schleichendes Ermüden wie bei Kunststoff gibt es nicht. Das heißt, wenn das Holz in Ordnung ist und die Verbindung, dann ist auch das Schiff in Ordnung.

(A) Der Schnitt zeigt die Rumpf/Deck-Verbindung eines formverleimten Schiffes mit Weger und Hilfsspanten. Zu überprüfen sind Klebefugen und mögliche Leckagen.
Anders sieht es bei Vollholzschiffen aus, wo die Fugen der Planken dazukommen und eher Leckstellen auftreten.

(B) Das Detail zeigt einen Schnitt durch die Außenhaut mit einem Hilfsspant und Querschott. Die mechanische Verbindung ist nicht mehr wie früher gena-

*gelt oder geschraubt, sondern mit Krampen geschossen. Zu achten gilt es
hier besonders auf losgerissene Leim- oder Klebefugen, Leckagen und ange-
gammelte Stellen.*

*(C) Schnitt durch den Kielbereich eines formverleimten Bootes. Auch hier ist
auf durchfeuchtete Stellen zu achten. Aufgerissene Verbindungen und dunk-
les, weiches Holz, Salzkristalle und Rost im Bolzenbereich deuten auf schlei-
chende Leckagen hin — Undichtigkeiten, die u. U. nur unter Belastung auftreten. Sie sind immer ein Zeichen dafür, daß irgend etwas nicht in Ordnung ist.*

Stahl- und Alu-Rümpfe

Bei der Besichtigung von Metall-Rümpfen gibt es zwei Gesichtspunkte, die
alles andere in den Hintergrund drängen, und das ist die
● Oxydation (Rost bei Stahlschiffen; weiße Oxydations-Kristalle bei Alu-
Schiffen) und die
● elektro-galvanische Korrosion, sowohl bei Stahl als auch bei Alu.
Beides sind sichtbare Schäden, die man zwar mit Farbe überdecken kann,
die aber der kritische Käufer finden müßte.
Die Frage nach der Qualität der Schweißarbeit und verschiedener Kon-
struktionsdetails, die bei Stahl- und Aluminium-Booten wichtig sind, kann
der Laie nicht oder nur schwer beurteilen. Hierfür sollte man, wenn Zweifel
bestehen, einen Schweißfachmann zu Rate ziehen.
Stahl-Rümpfe sind entweder verzinkt (selten) und gespritzt oder nur
gespritzt (95 %).
Wesentlich ist in beiden Fällen, ob die Oberflächen beim ersten Konservie-
ren richtig vorbehandelt waren. In dieser Hinsicht hat man es aber beim
Gebrauchtboot-Kauf wesentlich einfacher als der Neukäufer. Sünden einer
Werft sind nämlich nach einigen Jahren sichtbar, und zwar durch Ausblü-
hungen (Alu-Rümpfe) und Roststellen (Stahl-Schiffe) an Stellen, wo eine
mechanische Verletzung der Konservierungsschicht kaum möglich ist.
Metall-Schiffe haben häufig Wegerungen und Isolierungen, die die Innenseite des Rumpfes verdecken. Vergewissern Sie sich, wie es dahinter aussieht! Man muß deshalb nicht die ganzen Wegerungen abbauen, meist
geht es auch mit Taschenlampe und Montagespiegel.

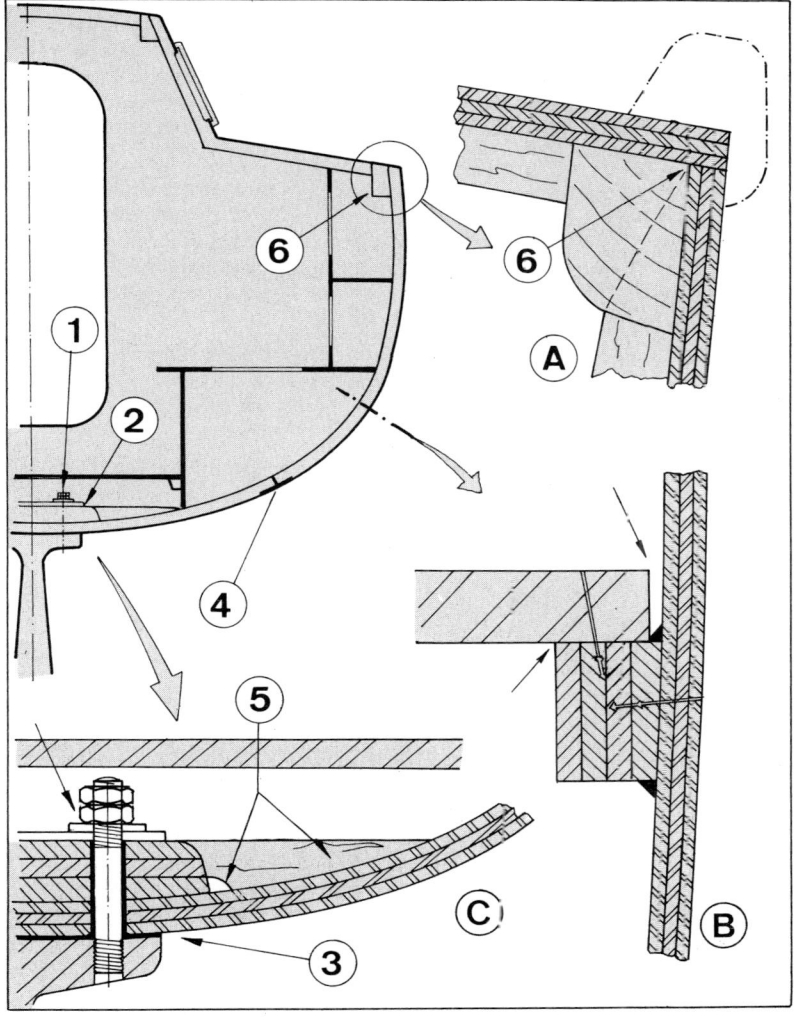

Schnitt durch einen Knickspant-Stahlrumpf. Wenn der Rumpf richtig geschweißt und konserviert ist, hat man bei den heutigen Konservierungssystemen für viele Jahre Ruhe vor dem Rost. Bei der Besichtigung eines Stahlrumpfes muß man allerdings noch kritischer als bei anderen Materialien sein. Denn wenn ein Stahlrumpf anfängt, von innen zu gammeln, dann ist der Aufwand groß, um den Rost zu stoppen. Die Details zeigen die Ecken, auf die man achten muß:

(A) Schnitt durch die Außenhaut und einen Spant mit angesetztem Schott. Die Pfeile deuten auf die kritischen Stellen. Auch die Schraubverbindung Schott/ Spant ist immer ein Entstehungsherd für Rost, besonders bei Umbauten oder nachträglich eingebauten Schotten, wenn nicht peinlich genau darauf geachtet wurde, die Bohrungen auch zu pinseln. Oder wenn minderwertige Schrauben und Scheiben verwandt wurden.

(B) Besondere Aufmerksamkeit muß man der Wasserlinienzone widmen. Dort entsteht in unseren Breiten sehr leicht Kondensat, d. h. alles, was tiefer als Wasserlinie liegt, ist von innen häufig beschlagen und neigt besonders zum Rosten. Das gilt natürlich insbesondere für Schweißnähte.

(C) Die Skizze zeigt ein Abschweißloch bzw. Nüstergatt. Dort, wo die Schweißnähte anfangen bzw. aufhören, oder am Übergang Schweißnaht/ Wrange oder Schweißnaht/Außenhaut beginnt der Rost um sich zu greifen.

Deck und Aufbauten

Für normale Decks und Aufbauten gilt das, was im Abschnitt Rumpf über optische Mängel gesagt wurde. Hinzu kommt allerdings die Kontrolle der Beschläge, Luken und Fenster. Ob ein Beschlag leckt, sieht man nur an der Unterseite. Deshalb kommt man bei der Beurteilung eines gebrauchten Bootes kaum drumherum, einen Blick unter die Verkleidungen und den Himmel zu werfen. Sicher eine Horrorvision für jeden Eigner, und deshalb sollte man, wenn's kompliziert ist, nur dann auf einer totalen Demontage bestehen, wenn sich der Verdacht vertieft, daß Leckagen vorhanden sind. Sie zeigen sich durch Salzspuren oder Feuchtigkeitsränder an den Kanten der Verkleidungen. Bei dieser Gelegenheit allerdings können Sie dann auch gleich die Rumpf/Deck-Verbindung besser prüfen und an den zugeklebten Löchern sehen, wie oft schon Beschläge versetzt worden sind. Eine besondere Form bilden die Teakstabdecks. Sie sind sehr teuer, aber

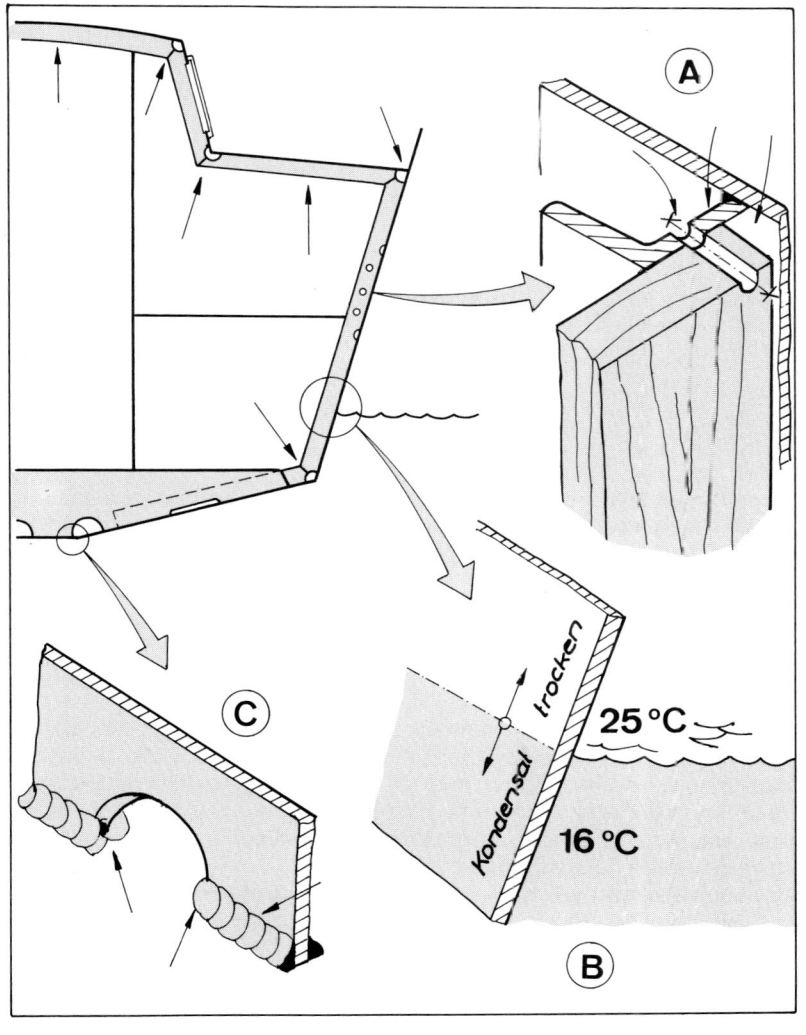

trocken

25 °C

Kondensat

16 °C

Sie sehen hier an den Querholzdübeln, wie die Ränder ausbrechen und unregelmäßig werden. Das sind die Anzeichen, daß der Tag für eine Verjüngungskur nicht mehr fern ist.

eine entsprechende Wertsteigerung für ein Schiff. Man muß jedoch einige Punkte beachten, wenn man sichergehen will, daß das Deck in Ordnung ist.

Stabdecks verwittern und werden durch das Schrubben immer dünner. Der erste Lebensabschnitt eines Stabdecks kann mit etwa 10 bis 15 Jahren angenommen werden. Dann muß es einer Verjüngungskur unterzogen werden und übersteht danach nochmal 10 Jahre.

Man kann vor allen Dingen an den Querholzdübeln erkennen, wann dieser Zeitpunkt der Verjüngungskur kommt.

Als Alarmzeichen muß man bei Stabdecks feuchte Stellen betrachten, d. h. eigentlich müßte man, wenn man ein Schiff mit Stabdeck kauft, das Deck gründlich naßspritzen und trocknen lassen. Wenn das gesamte Deck trocken ist und einige Stellen übrigbleiben, dann handelt es sich dort vermutlich um eine undichte Stelle.

Hier sehen Sie einen feuchten Fleck, obwohl das Deck rundherum trocken ist.
Wenn sich solche Flecke länger als eine Stunde nach Abtrocknen des gesam-
ten Decks halten, kann man davon ausgehen, daß sich Dichtungsmasse in
der Nut von den Flanken des Stabes gelöst hat und dort eine undichte Stelle
vorhanden ist. Eine Alterserscheinung bzw. schlechte Verarbeitung.

Fenster und Luken

Es gibt Schiffe, auf denen sind die Fenster nur durch Einbau von neuen
dicht zu kriegen. Bei der Überprüfung kommt es natürlich auf die Art der
Fenster an und wie weit man dann ins Detail geht.
Spuren von Feuchtigkeit in den Ecken des Innenrahmens, an der Scheibe,
an den Wandverkleidungen und sichtbar poröse Gummiprofile sind Anzeichen für eine gründliche Untersuchung.
Bei den Luken muß man sich die Mühe machen und jedes öffnen und
zuschrauben, nur so merkt man, ob die Verschlußknebel funktionieren und
die Lukenaussteller in Ordnung sind. Wenn die Gummidichtung im Luk
noch weich ist, dann ist mit größter Wahrscheinlichkeit auch anzunehmen,

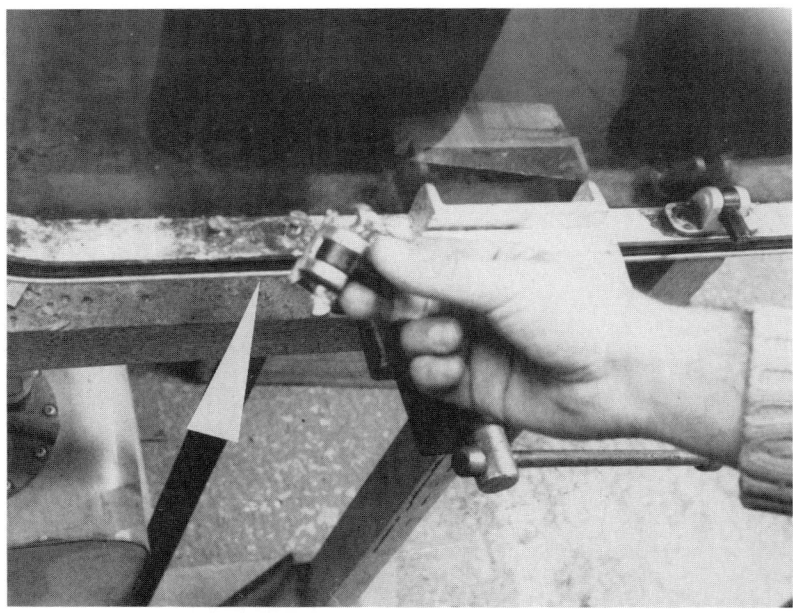

Hier sehen Sie das Luk eines noch nicht allzu alten Schiffes. Der Lukenhersteller hat hier bei der Materialwahl gesündigt. Die Verschlußknebel sind aus Kunststoff und brachen beim Zudrehen ab. Der Versuch, die Beschläge zu erneuern, scheiterte daran, daß die Edelstahlschrauben dermaßen im Alu festgegammelt waren, daß der Beschlag abgestemmt werden mußte. Das sind Kleinigkeiten, die man beim Gebrauchtboot-Kauf nicht übersehen sollte. Denn so etwas summiert sich, da man ohnehin trotz größter Gründlichkeit vieles übersieht, was einem hinterher viel Ärger machen kann.

daß das Luk dicht ist. Natürlich muß man bei der Kontrolle der Luken auch den Sicherheitsaspekt des Fluchtluks im Auge haben. Das Fluchtluk ist das vordere Luk mit einer lichten Mindestweite von 400 x 400 mm und nicht höher als 900 mm über den Kojen, damit man ohne Schwierigkeiten raus kann.

So können die Decks oder das Kajütdach unter dem Himmel aussehen. Zwar ist so etwas bei einem normalen Fahrtenschiff kaum anzutreffen, es handelte sich hier um ein Regattaschiff. Man sieht, daß die Winschen mindestens zweimal versetzt, diverse Stopper umgebaut wurden.

Motor, Welle, Stevenrohr

Die Motoranlage macht, je nach Bootsart, einen Großteil des Gesamtpreises aus. Selbst ein kleiner Diesel kostet neu um 10000 DM. Ein richtig gepflegter Diesel kann das Schiff überleben. Aber herauszufinden, ob er vor allen Dingen im Herbst richtig konserviert wurde, ist schwierig.

Für den Normalskipper kann man auch hier nur so eine Art Rundumblick empfehlen, um einen Eindruck vom Allgemeinzustand der Motoranlage zu bekommen. Sind Leckagen zu sehen, ist der Motor vergammelt, was macht die Elektrik für einen Eindruck, wie sieht die Motorraum-Lüftung aus, optischer Gesamteindruck. Wenn Sie das alles durch haben, dann können Sie den Motor starten. Wenn er dann sofort kommt und im Leerlauf gleichmäßig läuft, Kühlwasser aus dem Auspuff kommt und der Auspuff

nicht qualmt, sind schon viele Fragen beantwortet. Bei der Probefahrt merken Sie, ob der Motor seine Leistung bringt. Beobachten Sie immer wieder den Auspuff. Wenn der Motor qualmt, stimmt irgend etwas nicht. Sie sollten dann verlangen, daß der Motor in Ordnung gebracht wird. Die Probefahrt wiederholen.
Wenn Sie zu einem Besichtigungstermin an Bord kommen und der Motor ist bereits warm, kann das bedeuten, daß er in kaltem Zustand schlecht anspringt.
Besondere Aufmerksamkeit muß man auch der Wellenanlage widmen. Die normale Wellenanlage macht oft Schwierigkeiten, wenn sie nicht richtig mit dem Motor in Linie läuft. Werfen Sie einen Blick auf die Kupplung und versuchen Sie zu erkennen, ob die Kupplungsflansche parallel laufen. Überprüfen Sie das Stevenrohr, beobachten Sie mal, ob es tropft. Fassen Sie es bei der Probefahrt mal an, ob es nicht zu warm ist. Wenn die Stopfbuchse gut eingelaufen ist, sollte sie gar nicht tropfen. Ein Tropfen pro Minute bringt ungefähr 1 Liter pro Woche.

Blick auf eine restlos vernachlässigte Motoranlage. Selbst das Fundament war nur mäßig anlaminiert. Wenn eine Motoranlage so aussieht, muß man sich auf das Schlimmste gefaßt machen.

Sehen Sie sich auch an, wie der Auspuff verlegt ist, ob ein Schalldämpfer eingebaut ist und ein Wassersammler, und ob vor dem Austritt der Auspuff über einen Schwanenhals nach außen geht. Überprüfen Sie, ob die Anlage Vorfilter und Wasserabscheider hat und ob die Größe der Tanks Ihren Vorstellungen entspricht.

Eine große Rolle spielen beim Motor der Markenname und die Ersatzteil-Beschaffung. Wenn Sie ein Schiff mit einem Motor kaufen, dessen Hersteller gar nicht mehr existiert, dann ist Vorsicht geboten. Der Eigner wird vielleicht argumentieren, daß die Einspritzdüsen, die Einspritzpumpe von Bosch sind, der Generator z. B. von CAV und die Seewasserpumpe von Johnson — und mehr könne ohnehin nicht kaputt gehen. Das sind zwar wesentliche Teile, aber die fehlende Möglichkeit, Ersatzteile zu beschaffen, kann zu einer Katastrophe ausarten.

Diesem 2-Zylinder-Motor hatten Profis vor dem Verkauf eine vom Schrott geholte Einspritzpumpe eines 4-Zylinder-Motors angebaut und 2 Leitungen dichtgeschweißt. Beim Probelauf funktionierte der Motor einwandfrei, nach 2 Stunden Fahrt aber hatte die Einspritzpumpe einige Liter Dieselöl in das Kurbelgehäuse gepumpt. Sicher ein Extremfall, aber der Käufer eines Gebrauchtbootes muß wachsam sein.

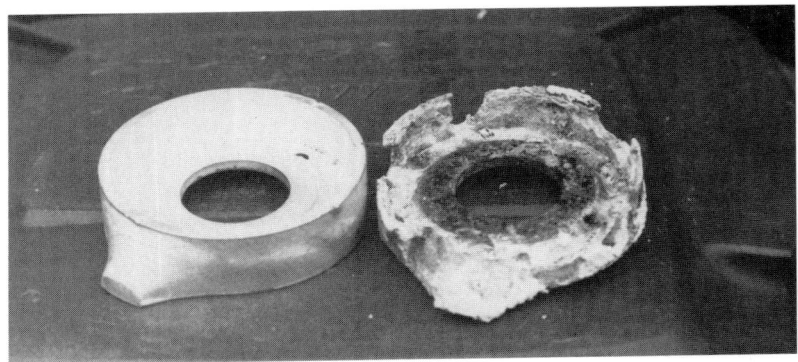

Sie sehen auf dem Foto den neuen und den alten Zinkring eines Saildrives. Sie sollten beim Gebrauchtboot-Kauf entweder darauf bestehen, daß die Zink-Anoden fast neu sind oder einen äquivalenten Preisabschlag fordern.

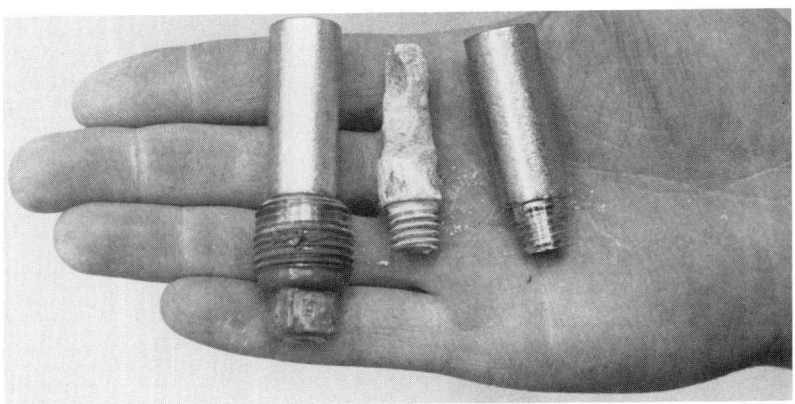

Lassen Sie sich am Motor die Stelle zeigen, wo die Zinkmaus oder die Zink-mäuse sitzen, schrauben Sie sie heraus. Wenn sie nur ein bißchen abgebaut haben, ist das okay. Wenn aber die Zinkmaus bis auf das Gewinde weggefres-sen ist, dann haben Sie einen klaren Hinweis darauf, daß der Eigner sich nur ungenügend um den Motor gekümmert hat.

Elektrik

Um die Elektrik einigermaßen beurteilen zu können, muß man die E-Bilanz überprüfen. Stellt sich heraus, daß zu kleine Batterien oder ein zu kleiner Generator, ein zu schwaches Ladegerät an Bord sind, sollte man gleich über den zusätzlichen Platz für eine weitere Batterie nachdenken. Bootsbatterien sind mit drei Jahren uralt! Die kann man gleich als nicht vorhanden betrachten. Es sei denn, es handelt sich um besonders langlebige Elektroblocks, aber dann kann man sich mal die Platten ansehen und folgenden Schlüsse daraus ziehen:

Sind die
Platten abwechselnd hell/dunkel . . . . **Batterie geladen**
Platten alle gleich . . . . **Batterie leer**
Platten alle hellgrau . . . . **Batterie sulfatiert**
Platten angefressen . . . . altersschwach

Prüfen Sie die Funktion aller Lampen einschließlich der Positionslampen, lassen Sie sich Änderungen im Elektronetz und Besonderheiten aufzeichnen. Prüfen Sie, ob Motor- und Bordelektrik getrennt sind, untersuchen Sie, ob ein vernünftiger Landanschluß und FI-Schalter vorhanden sind, werfen Sie einen Blick hinter die Verteilung. Sind die Steckverbindungen stark korrodiert oder sieht alles gepflegt aus? Prüfen Sie alle Motoren, Heizung, Kühlschrank und Wasserpumpe. Abschließend sollten Sie sich noch die Frage stellen, ob die ganze Bordelektrik in ausreichend viele Stromkreise zerlegt ist, so daß eine Fehlersuche relativ einfach wird.

Mit einer Lüsterklemme notdürftig reparier-tes Kabel zur Hecklaterne. Wenn Sie so etwas sehen, dann Vorsicht. Im Seewasser gammelt das Kupfer unter der Isolierung weiter, und das Kabel wird brüchig und unbrauchbar. Diese Oxydation setzt sich meterweit fort, so daß schon nach einer Woche das hier gezeigte Kabel so weit ver-gammelt ist, daß es neu eingezogen wer-den muß.

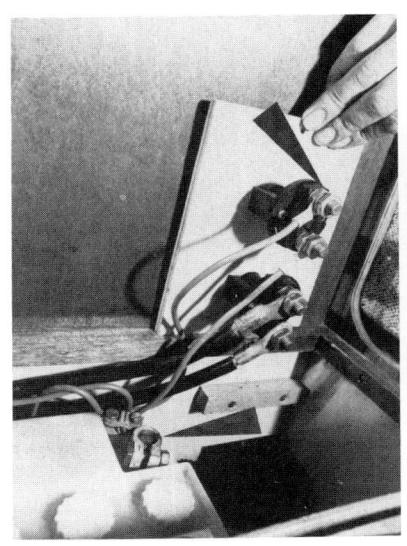 

Ein Blick auf die Batterien und Haupt-schalter zeigt, ob die E-Anlage gepflegt ist. Hier ist keine Kristallisation auf den Polen zu sehen, die Anschlüsse der Hauptschalter sind ebenfalls okay. Überprüfen Sie gleich bei dieser Gelegenheit das Baujahr der Batterien. Wenn sie drei Jahre alt sind, können Sie sie von der Liste streichen.

Auch der Blick hinter die Schalttafel ist sehr wichtig, um zu sehen, ob Feuch-tigkeit die Steckverbindungen aufzu-fressen beginnt. Hier finden Sie auch sehr gut Spuren, die Seewasser hinter-läßt. Immer ein Anzeichen dafür, daß bei schwerer See oder starkem Wind, wenn das Schiff Lage schiebt, irgendwo eine Leckage vorhanden ist.

Elektronik

Prinzipiell sollte man akzeptieren, wenn Elektronik (Geräte im Wert von mehreren 100 DM) den Preis beeinflussen. Elektronik ist echter Komfort, und, wenn sie für Marinezwecke gebaut ist, ist sie auch relativ langlebig und zuverlässig. Überprüfen sollten Sie die Funktion und die Kabelführung der Antennen, Geber und die Stromzuführung.

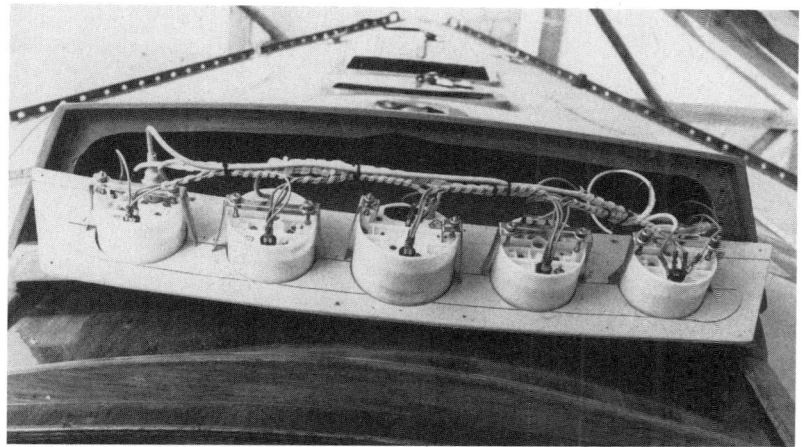

Elektronik ist im Prinzip nicht besonders anfällig gegen Feuchtigkeit, da gute Yacht-Elektronik in richtig konstruierten Gehäusen, schutzlackiert, nicht so leicht korrodiert. Worauf man achten muß, das sind die Gleichstrom-Zuführungen, Steckverbindungen und Kabel an der Außenseite der Geräte; wenn dort zu starke Oxydation auftritt, sollte man mit dem Kauf vorsichtig sein.

Mast, Verstagung, Segel

Viel Verdecktes gibt es beim Rigg nicht. Man sollte die Funktion überprüfen, das stehende und laufende Gut checken. Wenn die Fallen kurz hinter dem Schnappschäkel oder etwa in der Mitte ausfransen, kann man sie abschreiben. Sie halten dann meist nur noch ein Jahr.

Das stehende Gut sollte sehr gründlich überprüft werden, da auch Edelstahl-Riggs altern. Zwischen die Drähte setzt sich im Laufe der Zeit Flugrost und, wenn auch nur ein Draht bricht, muß man das Stag erneuern. Sehen Sie sich die Wantenspanner überall an, ob sie noch nachzuspannen sind oder ob die Gewinde gefressen haben, und überprüfen Sie, ob die Stopper halten.

Besonderes Augenmerk gehört den Winschen, da schon eine kleine Winsch einige 100 DM kostet. Es genügt aber nicht, unbelastet zu drehen

Machen Sie ruhig die Winschen auf; das geht ganz einfach, indem man oben den Sicherungsring abnimmt und dann die Glocke herunterhebt. Metallspäne deuten auf schwere Schäden hin. Altes, bröseliges Fett ist ein Zeichen für schlechte Pflege. Ob aber eine Winsch noch etwas taugt, kann man nur unter Last herausfinden.

und zu probieren, ob sie sperrt. Man sollte sich die Mühe machen und eine Schot auf einer Klampe belegen und sie dann mit den Winschen ganz stramm durchsetzen. Erst dann merkt man, ob die Winschen so weit ausgeleiert sind, daß unter Last die Zähne überschnappen. Ist das der Fall, dann taucht die Frage der Ersatzteil-Beschaffung auf, und wenn es sich um ein Fabrikat handelt, das nicht mehr existiert, dann kann man die Winsch vergessen.

Einen gründlichen Blick sollte man auch bei älteren Riggs auf die an den Mast genieteten Beschläge werfen. Wenn sich dort zwischen Mast und Edelstahl-Beschlag weiße Kristalle zeigen, muß man sie abkratzen und

Solche Fallen kann man als nicht vorhanden abhaken, sie kann man bestenfalls noch als Piloteine verwenden, um ein neues Fall einzuziehen, da hier keine Sicherheit mehr gegeben ist und das Segel irgendwann bei Sturm runterkommt.

prüfen, ob man mit der Messerspitze zwischen Mast und Beschlag kommt. Sehen Sie sich bei der Gelegenheit auch die Kabelverbindungen an. Wenn der Mast auf Deck steht, prüfen Sie die Kabeldurchführung, beim Steckmast die seitlichen Keile und die Manschette. Es gibt Mastdurchführungen, wo es äußerst schwierig ist, eine dichte Manschette aufzusetzen.

Die Segel sollte man sich bei der Probefahrt gründlich ansehen. Alle Segel durchprobieren; ob ein Segel ausgeleiert ist, sieht man eigentlich nur beim Segeln.

Die Lebensdauer der Segel ist bei Fahrtenschiffen schwer einzuschätzen, da sie kaum belastet werden.

Regatta-Freaks machen im Extremfall ein Segel während einer Regatta kaputt. Das heißt, wenn man Cruiser-Racer kauft, oder offensichtlich in Regatten genutzte Yachten, dann muß man viel eher mit der Wahrscheinlichkeit rechnen, daß man „alte Lappen" angedreht kriegt, als bei ganz normalen Fahrtenschiffen.

Einbauten, Möbel, Polster

Wenn man den ganzen technischen Gang hinter sich hat, geht es noch um die Beurteilung des Qualitätszustandes der Einbauteile, Schotten, Wände, Türen und Möbel. Achten Sie dabei auf Schlösser, Türdrücker, Scharniere, Türstopper. Nehmen Sie die Polster hoch, schauen Sie in die Stauräume. Sie bekommen so am besten einen Eindruck, ob man sich um das Schiff gekümmert hat oder nicht.
Achten Sie auf Kratzer im Holz, die durch das Deckfurnier des Sperrholzes durchgehen. Sie sind praktisch irreparabel. Man kann höchstens einen Beschlag darübermontieren oder ein Bild hinhängen. Kontrollieren Sie die Holzverbindungen, sie zeigen am besten, ob noch alles stimmt. Sehen Sie sich die Kojenpolster an. Gute Polster haben ein Vlies unter dem Bezug.
Überprüfen Sie die Pantry, den Kocher, die Wasserleitung, und gibt es bei der Pantry einen Luftabzug? Ist überhaupt das Durchlüftungssystem des Schiffes in Ordnung? Sind die Stauräume belüftet?

Die Holzverbindungen zeigen, ob alles in Ordnung ist. Sie sehen hier eine total aus dem Leim gegangene Holzverbindung. Sie ist Folge einer Karambolage mit dem Steg. Wenn man der Sache dann auf den Grund geht, findet man meist noch mehr, was bei so einer Erschütterung „aus dem Leim" gegangen ist.

Prüfen Sie die Polster, schauen Sie kurz unter den Bezug. Gute Polster haben ein Vlies zwischen Schaum und Bezugstoff.

Wie sieht es mit der Sicherheit aus? Sind die Gasflaschen richtig untergebracht? Wenn sie nicht in einem vom Wohnraum getrennten Kasten mit Abfluß nach außenbords stehen, sind sie eher eine Zeitbombe!

Probefahrt

Ein Boot ohne Probefahrt zu kaufen, scheint mir — auch und besonders bei gebrauchten Booten — ein Unding. Die Probefahrt ist durch nichts zu ersetzen, man muß sich nur noch die Frage stellen, wie macht man eine Probefahrt.

Für den Neukauf von Booten ab 50 000 DM aufwärts empfehle ich immer, die zwei oder drei in die engere Wahl gezogenen Boote für eine Woche oder länger zu chartern. Das ist bei dem Kauf von Gebrauchtbooten nicht zu erreichen oder nur in Ausnahmefällen. Aber 3 bis 4 Stunden oder einen Tag sollte man auf jeden Fall erzwingen, wenn man zum Kauf wirklich entschlossen ist.

Versuchen Sie, das Boot mit so vielen Leuten vollzuladen, wie Sie später im Durchschnitt fahren wollen. Nur unter dieser Belastung können Sie wirklich erproben, ob das Boot die Leistung bringt, die Sie sich wünschen, gleichgültig ob unter Segeln oder unter Motor.

Sehen Sie sich während der Fahrt alles gründlich an. Prüfen Sie auch äußere Merkmale wie Wasserablauf am Rumpf, das Wellenbild usw.

Der „Test in eigener Sache" sollte auch nach einem festen Schema ablaufen. Ich will hier nur die wichtigsten Punkte aufführen, da man diese Probefahrten im wesentlichen nach seinen Bedürfnissen gestaltet. Wenn man Zweifel hat, sollte man einen erfahrenen Bekannten oder sogar einen Sachverständigen mitnehmen.

Die beiden Listen auf den folgenden Seiten erheben keinen Anspruch auf Voll- ▶
ständigkeit, sie sollen nur ein Anhalt sein. Weitere Test-Kriterien muß man je nach Situation und Bootstyp selbst erarbeiten. Zu vielen der genannten Punkte finden Sie über das Stichwortverzeichnis praktische Tips.

Segelboote

- Vor dem An-Bord-Gehen die Lage der Wasserlinie zum Zierstreifen prüfen.
- Seeventile selbst öffnen, um zu sehen, ob sie eicht zu handhaben sind.
- Hauptschalter der Batterie suchen.
- Starten des Motors; dauert es lange, läuft der Motor ricntig, und Leerlaufdrehzahl.
- Wie sieht die Klampengröße zum Durchmesser der Festmacherleinen aus?
- Wo ist der Anker befestigt und wie?
- Wie lassen sich die Segel anschlagen? Wo sind die Zusatzsegel gestaut?
- Steht das Rigg gerade?
- Fahren Sie eine ½ Stunde länger mit Motor als notwendig. Sehen Sie während der Fahrt in den Motorraum und behalten Sie den Auspuff im Auge. Wenn der Motor bei Vollgas nicht quaimt und ruhig läuft, ist er ziemlich in Ordnung.
- Sind die Winschen richtig zu bedienen?
- Lassen sich die Segel bequem setzen?
- Halten die Stopper für die Fallen?
- Arbeiten die Winschen auch unter Last richtig?
- Zeigen alle Instrumente an?
- Wie hoch geht das Schiff an den Wind, ohne zuviel Fahrt zu verlieren? Wie hoch kann man es knüppeln?
- Läuft es auf beiden Seiten die gleiche Höhe?
- Wie liegt das Ruder in der Hand?
- Wie lassen sich die Manöver fahren?
- Wie taucht das Boot in die Welle?
- Kochen Sie die Suppe selbst, auch wenn Sie Gast sind.
- Setzen Sie sich an den Kartentisch und navigieren Sie.
- Legen Sie sich in jede Koje.
- Benutzen Sie das WC. usw. usw.
- Machen Sie möglichst alles selbst, dann entgeht Ihnen kein Kinken!

Motoryachten

- Vor dem An-Bord-Gehen Lage der Wasserlinie zum Wasserpaß prüfen.
- Seeventile selbst betätigen, um zu sehen, ob sie leicht zugänglich sind.
- Hauptschalter der Batterie suchen.
- Starten des Motors: Dauert es lange, läuft er richtig gleichmäßig, und Leerlaufdrehzahl.
- Blick an Deck: Seereling, Klampengröße zu Leinendurchmesser, wo und wie ist der Anker gestaut usw.
- Alle Systeme des Motors (Luft, Kühlung, Kraftstoff usw.) prüfen.
- Während der Probefahrt besonders darauf achten, daß das Boot am Ende der Probefahrt noch genauso viel Geschwindigkeit (oder Drehzahl) läuft wie nach dem ersten Vollgas-Törn (frühestens nach 10 Min.). Zeigen sich Unterschiede (50–100 Umdrehungen), so liegt der Verdacht auf schlechte Belüftung des Motorraums nahe.
- Achten Sie auf die Trimmlage der Längsachse.
- Erreicht das Boot bei Vollgas die Nenndrehzahl?
- Fahren Sie aus voller Geschwindigkeit ein paar engere Kurven. Versuchen Sie selbst, Anlegemanöver zu fahren.
- Legen Sie sich in jede Koje.
- Versuchen Sie zu navigieren, und bieten Sie dem Eigner an, eine Suppe zu kochen. Auf diese Art und Weise haben Sie den besten Eindruck, ob Pantry, Kartentisch und Einrichtung funktionell sind.

3

Kaufen
Verkaufen
Preise schätzen

Möglichkeiten ein Gebrauchtboot zu kaufen und zu verkaufen

Die Medien zum Kaufen und Verkaufen von Yachten sind praktisch die gleichen. Die Wege laufen aber fast entgegengesetzt. Während man beim Verkauf im allgemeinen bei der Kleinanzeige anfängt, hat man beim Kauf u. U. die besseren Chancen mit der Suche über die großen Gebrauchtboot-Makler, Importeure oder Händler der Marke oder Werft, mit der man liebäugelt. Das wäre vorerst der kostenlose Schritt. Natürlich muß man irgendwann den Zwischenhändler mit bezahlen. Eine andere Möglichkeit bietet sich über die Kleinanzeigen in regionalen und überregionalen Zeitungen sowie in Bootszeitschriften. Dort gilt es, gleich zu bezahlen, dafür hat man die Chance, von privat zu privat zu verhandeln, ohne den Zwischenhändler bezahlen zu müssen.

Ob man allerdings auf diese Weise den möglichen Sachverstand und Service des Profis ausschalten soll, muß jeder für sich selbst entscheiden. Prinzipiell geht es beim Kauf darum, mit möglichst wenig Aufwand das geeignetste und preiswerteste Schiff zu bekommen. Der Verkaufende wiederum will mit möglichst wenig Aufwand den Menschen finden, der für sein Schiff am meisten bezahlt. Das heißt, beide müssen versuchen, möglichst vielen Leuten ihren Wunsch zu offerieren. Logischerweise wäre das die Anzeige in der Bootszeitschrift mit der für die Zielgruppe größten Auflage. Trotz dieser scheinbaren Logik gibt es aber auch eine Menge guter Argumente für die bereits erwähnten anderen Medien. Sie sollen alle im folgenden kurz beschrieben werden, damit Sie den für sich besten Weg finden.

Schwarzes Brett im Club

Das Schwarze Brett im Club ist sehr beliebt für den Wechsel von kleineren Booten, Jollen, Jollenkreuzern und Kajütbooten bis etwa 7 m Länge sowie Ausrüstung und Zubehör. Da die Aushängekästen in den Clubs fast nur Mitgliedern zugänglich sind, ist natürlich der Interessentenkreis beschränkt. Meist sind es Klassenboote, die innerhalb der Clubs den Eigner wechseln. Der Vorteil ist, daß man zumindest glaubt, sich zu kennen, und meint, nicht die Katze im Sack zu kaufen. Der Nachteil ist, daß durch kurz nach dem Verkauf entstehende Schäden (auch wenn sie wirklich nicht bekannt waren) Spannungen entstehen.

Aushängeschrank im Yachthafen

Der Aushängekasten für Gebrauchtboote im Hafen fällt meist unter die Fittiche des Hafenmeisters oder des ansässigen Zubehörhändlers. Die Vor- und Nachteile sind ähnlich wie beim Schwarzen Brett im Club, die Zahl der denkbaren Interessenten aber wesentlich größer. Wenn man davon ausgeht, daß jeder dritte Eigner den Wunsch nach einem Bootswechsel hat, so kommt in einem Hafen von 300 bis 500 Yachten schon eine ziemliche Interessentengruppe zusammen. Außerdem liegt das Boot dort, wo man es wahrscheinlich haben will, man kann sozusagen im Vorbeigehen vielleicht gleich einen Schlag mitmachen, zumindest aber das Boot äußerlich begutachten, hört u. U. vom Stegnachbarn Wahrheiten, die der Eigner nicht so ohne weiteres preisgibt, und die räumliche Übereinstimmung spart viel Zeit, Reise- und Transportkosten.

Kleinanzeige in der Zeitung

Sicher sind Zeitungen und Bootszeitschriften das geeignete Medium, um eine möglichst breite Zielgruppe zu erreichen. Leider ist es für alle Beteiligten sehr mühsam, sich durch die fast völlig ungeordnete Fülle von Angeboten durchzulesen. Man muß da schon konzentriert rangehen. Der Marker (Filzstift) ist Hilfsmittel Nr. 1, und das Aufkleben der ausgeschnippelten Angebote oder das Auflisten der in Frage kommenden Boote sind die richtigen Schritte, um sich einen guten Überblick zu verschaffen.
Es wäre eine Wohltat, wenn sich die Anzeigenabteilungen mit ihren Computern ein System, z. B. Ordnen nach Länge, Preis oder Bootsname, einfallen ließen. Daß das kein Problem darstellt, zeigen die Anzeigenseiten der Gebrauchtautos in den Tageszeitungen. So ein Schritt würde sicher die Suche nach dem richtigen Gebrauchtboot wesentlich erleichtern.
Es gibt in den USA zentrale Computer-Listen von den Gebrauchtbooten, die bei Händlern zum Verkauf gemeldet sind. Etwas in dieser Art hat sich in Europa nicht durchgesetzt. Das ist einer der Gründe, warum die Klein-

Die Grafik zeigt eine Analyse der Kleinanzeigen aus den Zeitschriften YACHT und BOOTE im jahreszeitlichen Ablauf. Daraus geht deutlich hervor: Kaufen sollte man, wenn das Angebot am größten ist. Leider ist man aufgrund des kurzen Sommers bei uns auch gezwungen, zu der Zeit anzubieten, wenn das Angebot am größten ist. Deshalb sollte man seine Kleinanzeige in den Zeitschriften im Herbst Ende August/Anfang September plazieren bzw. im Frühjahr spätestens Ende Februar/Anfang März.

ACHTUNG: Denken Sie daran, daß die Laufzeit der Anzeige bei Fachzeitschriften vom Tag der Bestellung bis zum Erscheinen 4 bis 6 Wochen beträgt, und der Leser sich auch noch eine Woche Zeit läßt. Das heißt, wenn Sie Ihr Schiff mit Ende des Sommers anbieten wollen, müssen Sie Ende Juli, spätestens Anfang August wissen, was Sie wollen.

Der Kleinanzeigenteil der Zeitschriften YACHT und BOOTE bietet das übersichtlichste Barometer für den Stand des Gebrauchtboot-Marktes. Leider ist der Zeitraum von Aufgabe der Anzeige bis Erscheinen der Anzeige zu groß, um schnell reagieren zu können.

Als schnelle Überprüfung seiner Position dienen dann die regionalen Tageszeitungen, wie etwa das Hamburger Abendblatt, die Rheinische Post und die WAZ (Westdeutsche Allgemeine Zeitung).

In der Umfrage zu diesem Buch hatten ungefähr 70 % der Firmen empfohlen, die Kleinanzeigen in den Zeitschriften nicht nur nach Bootskategorien, sondern auch nach Länge oder Preis oder alphabetisch nach Namen zu sortieren, um den Markt und die Suche nach dem richtigen Marktwert einfacher zu gestalten.

Unabhängig davon, in welcher Form die Zeitschriften diesen Kleinanzeigenteil bringen, das Angebot von 1100 Booten (YACHT, BOOTE) im Oktober und fast 1400 im März stellt natürlich eine einmalige Möglichkeit dar, die eigenen Vorstellungen zu überprüfen.

Zu bemerken wäre, daß in den Fachzeitschriften das Angebot in den letzten zwei Jahren um über 100 % gestiegen ist. Das läßt allerdings nicht den Schluß zu, daß das Angebot auf dem Gebrauchtboot-Markt ebenfalls um über 100 % gestiegen sei. Ableiten kann man aus dieser Verdopplung des Angebots nur, daß es notwendig ist, die Schiffe überregional anzubieten, um gezielt eine breite Interessentengruppe anzusprechen, und daß der Interessent mobil genug ist, um beispielsweise eine Yacht von der Ostsee ans Mittelmeer zu holen, usw.

Der richtige Zeitpunkt, um sein Schiff anzubieten (und es zu kaufen), ist der Herbst!

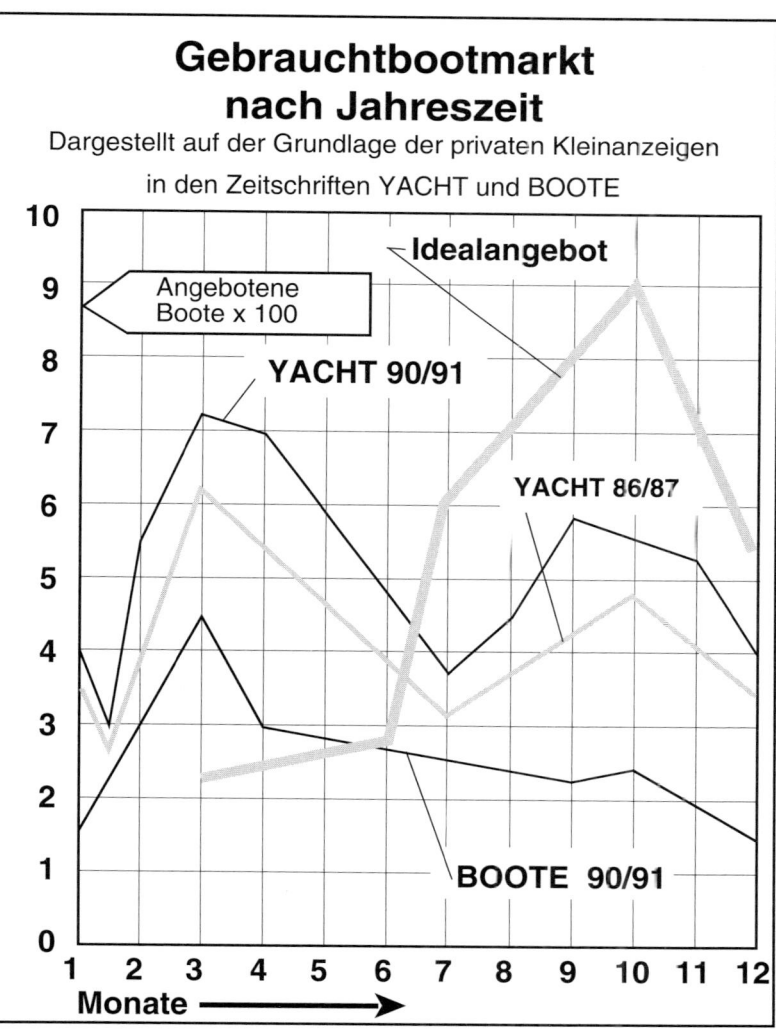

Gebrauchtbootmarkt nach Jahreszeit

Dargestellt auf der Grundlage der privaten Kleinanzeigen in den Zeitschriften YACHT und BOOTE

Idealangebot

Angebotene Boote x 100

YACHT 90/91

YACHT 86/87

BOOTE 90/91

Monate ➡

anzeige, und besonders die in den führenden Bootszeitschriften, die beste Möglichkeit bietet, schnell das geeignete Schiff zu finden. Es macht, wie schon erwähnt, Mühe, doch wer sich die ersparen will, kann auch eine Kauf-Anzeige aufgeben. Neben diesen Möglichkeiten bietet die Kleinanzeige natürlich noch die Chance, seine Preisvorstellungen im Markt zu überprüfen. Aus dem Echo der Kleinanzeige kann man abschätzen, wo man liegt. In diesem Zusammenhang wäre allerdings um etwas mehr Fairneß zu bitten:

● Antworten Sie bitte den Interessenten auch, wenn Sie das Schiff bereits verkauft haben.

● Antworten Sie bitte nach Eingang der ausführlichen Unterlagen zu einem Angebot auch, wenn Sie sich negativ entscheiden.

In beiden Fällen hängt man nämlich ziemlich in der Luft und besonders dann, wenn das Wetter besser wird und der Sommer naht.

Die Kosten für eine Kleinanzeige halten sich in Grenzen und hängen im allgemeinen von der Auflagenhöhe ab. So kostet in der Segler-orientierten YACHT, der auflagenstärksten Bootszeitschrift, eine Zeile Kleinanzeige 25,— DM, in der Motorboot-orientierten Zeitschrift BOOTE 16,— DM. Wochenendausgaben der Zeitungen mit Wassersport-Anzeigenteil kosten 15,— bis 25,— DM pro Zeile.

Bei Booten bis 100 000 DM hat sich inzwischen die Telefonnummer durchgesetzt. Chiffre läuft nur noch bei größeren Objekten und in Sonderfällen. Nicht weil Chiffre 5,— bis 10,— DM mehr kostet, sondern weil das Telefon sehr viel bequemer und schneller ist.

Makler, Importeure, Händler und Werften

Der Markt ist voll von Möglichkeiten, guten und weniger guten, um sein gebrauchtes Boot loszuwerden. Aber mehr schlecht als recht, so wie der Gebrauchtboot-Markt heute beschaffen ist.

Der Makler nimmt seine Provision (5—15 %) und kümmert sich um alles. Das ist so lange kein Problem, so lange außer der Provision keine Kosten entstehen. Wenn Sie das Schiff aber in die Hände eines Händlers geben und Überholungs-, Vermittlungs- und Liegeplatz-Gebühren bezahlen, dann muß man schon überprüfen, womit der Mann sein Geld verdient – am Liegeplatz, an den Vermittlungsgebühren, an den Überholungsarbeiten oder an dem vorhergesagten Verkauf.

Günstig kann man wirklich gute Boote sehr häufig über Importeure oder die Werft bekommen, nicht direkt, sondern nur vermittelt, meist ohne Nebenkosten, wenn der Importeur oder die Werft einen Neukäufer auf der Warteliste hat, der sein „altes Schiff" noch verkaufen muß.

Eine ganz wichtige Rolle spielen natürlich die großen Makler, die Tausende von Yachten „an der Hand" haben. Dort kann man praktisch von heute auf morgen ganz gezielt und in jeder Preislage das „Traumschiff aus zweiter Hand" finden.

Genau überprüfen muß man Kombinationen aus Chartern und (vielleicht) Verkaufen oder Kombinationsgeschäfte wie ein Teil in bar, der Rest in Vermögensanlagen usw.

Im Gebrauchtboot-Geschäft wird üblicherweise auf Kommissionsbasis gearbeitet, d. h. es kostet erst etwas, wenn das Boot wirklich verkauft ist.

„Profis", die gebrauchte Boote gegen Bargeld kaufen, wissen genau, was sie tun. Sie sollten nicht die Hoffnung haben, auf diese Weise einen wirklich guten Preis für Ihr Schiff zu erzielen. In dieser Hinsicht bieten sich immer noch die besten Möglichkeiten mit „von privat an privat", vorausgesetzt, man findet den richtigen „Partner". Daß das nach wie vor so ist, beweist die hohe Quote des privat abgewickelten Gebrauchtboot-Geschäfts. Man kann davon ausgehen, daß 90 % aller Yachten bis 10 m Länge „von privat an privat" verkauft werden (siehe Seite 114)

Provision zahlt, anders als im Immobiliengeschäft, nicht der Käufer, sondern der Verkäufer. Makler-Courtagen oder die Provision für den Händler liegen zwischen 5 – 10 % des Kaufpreises. Für Überholungs-, Reinigungsarbeiten usw. werden 0,5 bis 2 % kassiert. Neben- oder Zusatzkosten darf es nur geben, wenn sie vertraglich geklärt sind. Verträge mit Händlern und Maklern laufen 3 bis 6 Monate und sind dann kündbar. Eine Provision wird nur bei Verkauf fällig, auch dann, wenn der Eigner das Schiff direkt verkauft.

Wertbestimmung einer Yacht

Einen realistischen Preis für sein Schiff zu bestimmen, ist nicht einfach. Man kann
● sich einer Gebrauchtboot-Liste bedienen (falls sie was taugt), sofern das Schiff darin zu finden ist
● einen Sachverständigen beauftragen (s. Seite 37) und 3 bis 1% des Yachtwertes bezahlen
● eine Taxierung über SCHWACKE anfordern, oder
● die folgenden Seiten gründlich durcharbeiten.
Es kommt schlicht darauf an, den Marktwert richtig einzuschätzen.
Ein Preis für eine Yacht, egal ob vom Käufer oder vom Verkäufer aus gesehen, muß so beschaffen sein, daß ein Handel möglich wird. Zu diesem

Die Grafik zeigt die Neupreis-Entwicklung von Segel- und Motoryachten in der ▶
Länge von 8 bis 9 m. Prozentual gesehen, kann man diese Entwicklung allerdings auf Kajütboote von 6−10 m Länge übertragen. Der sehr viel stärkere Preisanstieg für Motorkreuzer gegenüber Segelyachten ist in erster Linie in der Tatsache zu finden, daß die Qualitätsansprüche allgemein gestiegen sind und die Boote von Benzinern auf Dieselmotoren umgerüstet wurden. Einen wesentlichen Faktor für den mäßigen Preisanstieg bei Segelyachten kann man darin sehen, daß eine Reihe von „Billigyachten" auf den Markt gekommen sind, die den Segelboot-Markt von der Preisentwicklung her revolutioniert haben. Sonst wären die Segelboot-Preise ähnlich wie die der Motorboote um über 100 % gestiegen, da Inflation, Material- und Lohnkosten überall sehr stark angestiegen sind. Eine fast analoge Entwicklung gibt es bei größeren Yachten − siehe nächste Seite.

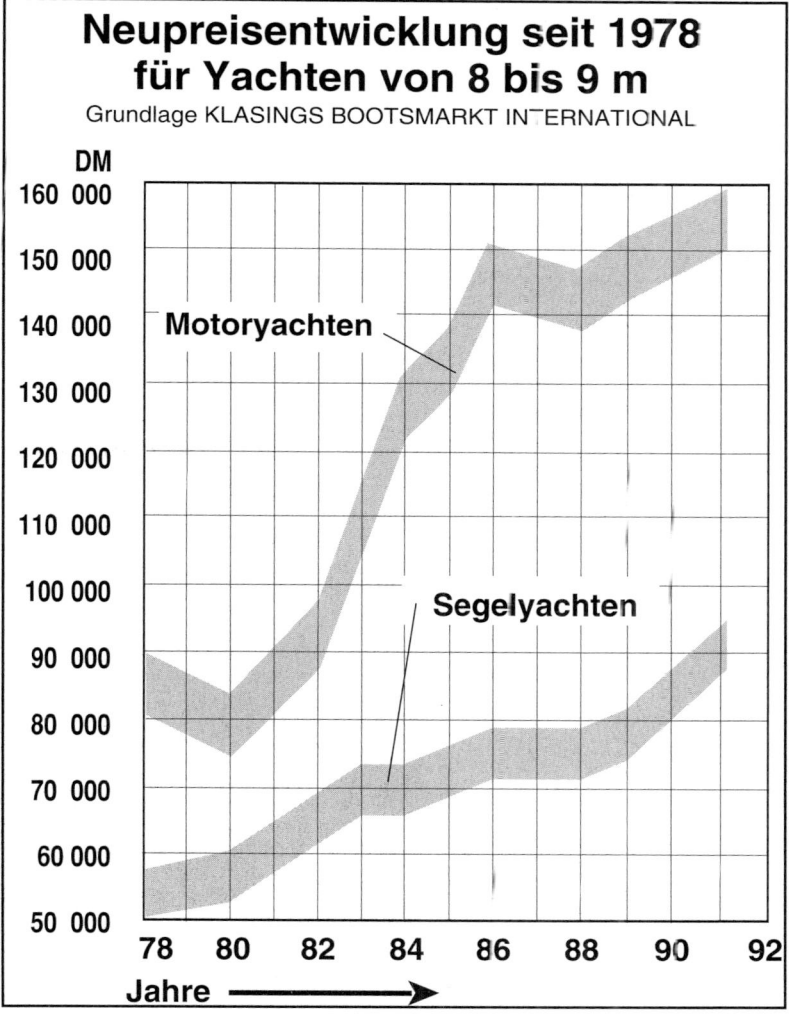

Neupreisentwicklung seit 1978
für Yachten von 8 bis 9 m
Grundlage KLASINGS BOOTSMARKT INTERNATIONAL

Zweck muß man einige Größen definieren, um dann mit Hilfe von diversen Schätzungen über Diagramme einen aktuellen Wert für sein Schiff zu ermitteln.
Das Baujahr braucht man nicht zu definieren, den Standardpreis zur Zeit des Baujahres schon eher, gemeint ist damit der im allgemeinen in der Preisliste angebotene Standardpreis mit Standardmotorisierung, Standardbesegelung und Standardausrüstung, d. h. ohne die in der Preisliste noch aufgeführten Extras.
Der Endpreis ist der Preis, den man schließlich für das Boot einschließlich Ausrüstung und Extras bezahlt hat.
Es werden jetzt zwei verschiedene Wege beschrieben, um einen aktuellen Neupreis für Ihr Schiff zu bestimmen, sofern es als Serienboot nicht ohnehin noch gebaut wird. Dann läßt sich der aktuelle Endpreis ja sehr leicht berechnen.
Aber gehen wir davon aus, daß Ihr Schiff in dieser Form nicht mehr gebaut wird und Sie einen aktuellen Neupreis errechnen müssen, um den Wert Ihres Schiffes zu schätzen.

1. Aktueller Neupreis über Preisentwicklung: Hier wird mit Hilfe der Preissteigerung der letzten Jahre der aktuelle Neuwert ermittelt und zur Kontrolle

2. ein aktueller Neupreis über durchschnittliche Meter- und Tonnen-Preise gerechnet.

Entwicklung der Neupreise in den letzten 10 Jahren. Sie sehen, daß auch hier die Preise für Motoryachten wesentlich angestiegen sind, zwar nicht ganz so extrem wie bei der kleineren Gruppe (siehe vorangegangene Seite), da sie zu einem großen Teil schon mit Dieselmotoren ausgerüstet waren. Auch diesen Preisanstieg kann man prozentual auf Längen von 10 bis 16 m übertragen.

Da es sich um Preissteigerungen von 60 bis 70 % handelt, kann man nicht den Kaufpreis (im Baujahr) als Ausgangspunkt einer Degressionskurve nehmen, sondern einen vergleichbaren Neuwert.

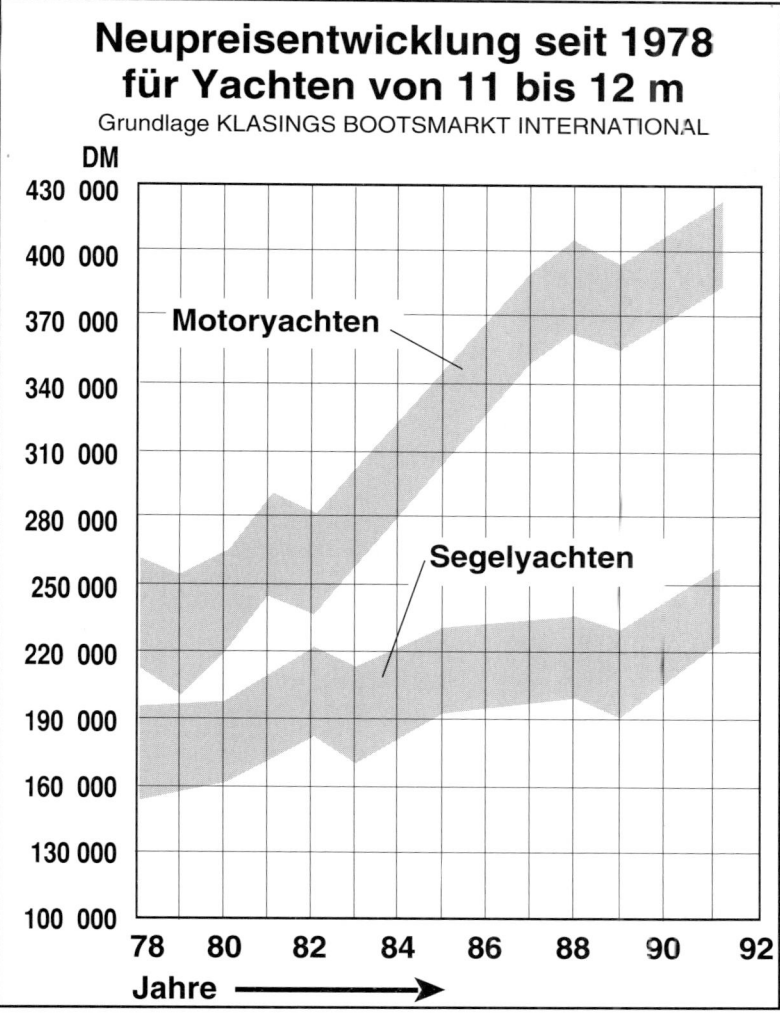

Neupreisentwicklung seit 1978 für Yachten von 11 bis 12 m

Grundlage KLASINGS BOOTSMARKT INTERNATIONAL

DM

430 000
400 000
370 000 **Motoryachten**
340 000
310 000
280 000
250 000 **Segelyachten**
220 000
190 000
160 000
130 000
100 000

78 80 82 84 86 88 90 92

Jahre ———————▶

Diese beiden Preise werden gemittelt und über eine Qualitäts- und Zustandsschätzung der aktuelle Neupreis ermittelt. Damit ermitteln Sie schließlich für Ihr Schiff den theoretischen Marktwert. Hier müssen Sie allerdings versuchen, realistisch zu sein, da Sie in der Qualitäts- und Zustandsbewertung selbst entscheiden müssen, wo das Schiff liegt.

Mit diesem theoretischen Marktwert sind Sie eigentlich soweit, um eine Testanzeige in einer Zeitschrift zu starten oder Ihr Angebot im Yachthafen oder im Club auszuhängen.

Wenn Sie Ihr Angebot veröffentlicht haben, sollten Sie sich auf entsprechende Anfragen vorbereiten und ausführliche Angebotsmappen zusammenstellen. Dorthinein gehört:

- sofern noch vorhanden, Werft-Prospekt des Bootes

- eine Auflistung des Standardpreises mit Zubehör- bis Endpreis

- sofern vorhanden, Einrichtungsplan, Seitenansicht,
  bei Segelbooten auch der Segelriß

- eine genaue Liste des Inventars einschließlich der Aggregate
  und technischen Einrichtungen

- große Ausrüstungsgegenstände wie Navigationsrechner,
  Autopiloten usw. sollten nicht in die Verhandlungsbasis einbezogen
  sein, sondern extra berechnet werden.

Ermittlung des Marktwertes ▶
Auf den folgenden Seiten müssen Sie etwas rechnen. Am besten Sie nehmen sich den Taschenrechner zur Hand. Das Ergebnis ist der Marktwert Ihrer Yacht. Analog zu den für Sie jeweils in der oberen Hälfte der Tafel vorbereiteten Feldern finden Sie in der unteren Hälfte ein Beispiel einer Segelyacht von 10 m Länge.

ASP1 = Aktueller Standardpreis
unter Berücksichtigung des Preisanstiegs

BJ = Baujahr =_____ Alter =_____Jahre

SBJ = Standardpreis im Baujahr_____DM

PAF = Preisanstiegsfaktor (je nach

Länge von S. 101 oder 103) = 1,..

SBJ x PAF =_____ **ASP1 =** _____DM

Beispiel: Segelboot; Alter = 8 Jahre, L = 10 m
SBJ = Standardpreis im Baujahr.....132 000 DM
PAF = Preisanstiegsfaktor von Seite 103 PAF = 1,32
SBJ x PAF = 132 000 x 1,32 = ASP1 = 174 240 DM

Hier ermitteln Sie den aktuellen Standardpreis über den Preisanstieg seit dem
Baujahr. In der Tabelle bedeuten:
BJ   = Baujahr.
SBJ = Standardpreis im Baujahr. Das ist der Preis, den Sie (nach Preisliste)
ohne Extras bezahlt haben.
PAF = Faktor für den Preisanstieg seit dem Baujahr. Das ist der Dezimalwert
der Preissteigerung seit dem Baujahr Ihres Schiffes erhöht um 1,0
(30 % Preissteigerung ergibt PAF = 1,30). Die Preissteigerung finden
Sie auf den Seiten 101 und 103.
ASP1 = Aktueller Standardpreis, berechnet über den Standard-Kaufpreis
(SBJ) durch Multiplikation mit dem Preisanstiegsfaktor (PAF).
Der untere Teil der Tabelle zeigt ein Beispiel für ein 10 m langes Segelboot mit
einer Verdrängung von 5 t, Alter 8 Jahre.

In der Tafel rechts ermitteln Sie den aktuellen Standardpreis des Schiffes über den Meterpreis und den Tonnenpreis. Das ist eine Kontrollfunktion, die nicht nur die Inflation der Bootspreise über die Devisenentwicklung berücksichtigt, sondern auch die Technologie, die den Bootsmarkt wandelt und in einem gewissen Maß den Bootstyp einschließt.

Es bedeuten:

M-Preis = *Meterpreis aus der jeweils aktuellen Ausgabe KLASINGS BOOTSMARKT INTERNATIONAL aus mehr als 3000 Yachten ermittelte Preis pro Meter, auf die jeweilige Länge bezogen.*

T-Preis = *Tonnenpreis − ein ebenfalls aus KLASINGS BOOTSMARKT INTERNATIONAL für die jeweilige Bootslänge ermittelter Preis des Schiffes pro Tonne.*

ASPM = *Zwischenergebnis des Meter-Preises multipliziert mit der Bootslänge.*

ASPT = *Zwischenergebnis aus dem Tonnen-Preis multipliziert mit der Verdrängung, bezogen auf die Konstruktions-Wasser-linie (d. h. es handelt sich um die Verdrängung, die meist von der Werft angegeben wird).*

ASP2 = *Aktueller Standardpreis des Bootes, berechnet aus Meter- und Tonnenpreis.*

Das Beispiel im unteren Teil der Tabelle ist wieder mit dem 10 m langen Segel-boot von der vorangegangenen Seite gerechnet.

ASP2 = Aktueller Standardpreis
aus Meterpreis und Tonnenpreis

Länge (Rumpf) = _____m

Verdrängung = _____t

M-Preis = Meterpreis v. S. 113 = _____ DM/m

T-Preis = Tonnenpr. v. S. 113 = _____ DM/t

ASPM = M-Preis x L = _____x_____ = _____DM

ASPT = T-Preis x V = _____x_____ = _____DM

ASP2 = (ASPM + ASPT) : 2 =

= (_____x_____): 2 =

ASP2 = _____ DM

Beispiel : Segelboot , Länge = 10 m,
Verdr. = 5 t, Alter = 8 Jahre

M-Preis	= 16 000 DM/m ----	(von Seite 113)
T-Preis	= 32 000 DM/t ----	(von Seite 113)
ASPM	= 10 x 16 000 ----	= 160 000 DM
ASPT	= 5 x 32 000 ----	= 160 000 DM
ASP2	= (160 000 + 160 000) : 2	= 160 000 DM

Zwischen Yachten gleichen Typs und gleichen Baujahres gibt es Preisunterschiede bis zu 100 %. Ein Schiff in dieser Skala richtig einzustufen, ist nicht einfach und bedarf großer Objektivität und Erfahrung. Der im folgenden festgelegte Anpassungsfaktor bleibt in der Bewertung Ihrem Urteilsvermögen überlassen. Er setzt sich zur Zeit aus vier Komponenten zusammen, die das Schiff vom Ausrüstungsumfang, von der Bauqualität und dem Pflegezustand her einstufen sollen.

Es bedeuten:

AZ = *Ausrüstungszuschlag. Das ist ein Faktor, der ein gut ausgerüstetes Schiff besser einstuft als ein schlecht ausgerüstetes.*

QZ = *Qualitätszuschlag. Das ist eine der schwierigsten Größen, da es nicht nur um Objektivität, sondern auch um Erfahrung geht. Es gilt hier, das Boot nach Bauqualität einzustufen (siehe dazu Seite 25 und Seite 46ff). Sie sollten sich auf + 5 % und − 20 % beschränken, wobei 0 der Durchschnitt ist.*

ZZ = *Vergütungsgröße für den Pflegezustand. Auch hier müssen Sie versuchen, mit möglichst viel Objektivität die Größenordnung zu bestimmen. Beschränken Sie sich auf + 5 % und − 20 %, wobei 0 dem Durchschnitt entspricht (siehe Seite 118).*

AF = *Anpassungsfaktor für Ausrüstungsumfang, spezifische Qualität und Pflegezustand. Mit diesem Wert wird auf der nächsten Seite der theoretische Marktwert berechnet.*

EBJ = *Endpreis im Baujahr (mit allen Extras, die jetzt verkauft oder gekauft werden sollen).*

EX = *Differenz aus Endpreis (EBJ) abzüglich Standardpreis (SBJ). Im Beispiel ist ein pauschaler Faktor von 0,5 eingesetzt. Wenn Sie genauer rechnen wollen, finden Sie auf Seite 117 entsprechende Anhaltswerte.*

Wenn Sie mit der Einstufung der spezifischen Qualität (QZ) und dem Pflegezustand (ZZ) Schwierigkeiten haben, sollten Sie als Anpassungsfaktor (AF) 1 einsetzen.
Im unteren Teil ist das Beispiel von den vorangegangenen Seiten weitergeführt.

Anpassungsfaktor zur Preiskorrektur

EBJ = Endpreis im Baujahr   = _____DM
SBJ = Standardpreis im Baujahr   = _____DM

EX = Extras = (EBJ - SBJ) x 0,5 = _____DM

EX = (_____ - _____) x 0,5   = _____DM

AZ = Ausrüstfaktor = (1 + (EX : SBJ))   = 1,___
QZ = Qualitätszuschlag siehe Seite 25   = 1,___
ZZ = Zustandzuschlag siehe Seite 118   = 1,___

AF = Anpassungsfaktor = AZ x QZ x ZZ = 1,___

AF = _____ x _____ x _____ = 1,_____

Beispiel : EBJ = 150 000 DM; SBJ = 132 000 DM

EX = (150 000 - 132 000 DM) x 0,5 = 9 000 DM
AZ = 1 + (9 000 : 132 000) = 1 + 0,07   = 1,07
QZ = siehe Seite 25 und oben   = 1,05
ZZ = siehe Seite 118 und oben   = 1,05

Anpassungsfaktor =   AF = AZ x QZ x ZZ =
                       AF = 1,07 x 1,05 x 1,05 = **1,18**

Der hier ermittelte theoretische Marktwert ist nicht der tatsächliche Wert des Bootes auf dem Markt, sondern ein an die Neupreis-Situation angepaßter Wert, der in Grenzen die Devisen-Entwicklung, die Technologie-Veränderung, die spezifische Qualität und den Pflegezustand berücksichtigt.

Dieser als TMW bezeichnete theoretische Marktwert wird aus den auf den vorangegangenen Seiten bereits ermittelten aktuellen Standardpreisen (ASP1 und ASP2) sowie dem Anpassungsfaktor (AF) gerechnet.

Es bedeuten:

TNP	=	*theoretischer Neupreis*
DD-F	=	*Degressionsfaktor von Seite 112*
TMW	=	*der oben beschriebene theoretische Marktpreis des Schiffes entsprechend seinem Baujahr*

Jetzt werden Sie sagen: also doch ein Zeitwert; dem ist aber nicht so, da doch eine Reihe von Parametern des Marktes berücksichtigt sind.

Das Beispiel ist wieder die Fortsetzung mit dem 10-m-Segelboot.

Theoretischer Marktwert(TMW)
berechnet aus dem theoretischen Neupreis (TNP)

von Seite 105   von Seite 107   von Seite 112

TNP = (ASP1 + ASP2) x 0.5 x AF =_____DM

TNP = (_____+_____) x 0,5 x AF = _____DM

von Seite 109

TMW = DD-F x TNP   = ...

TMW = 0,__   x _____ = _____DM

(Marktwert Ihrer Yacht)

Beispiel: Segelboot; 10 m , 5 t , Alter = 8 Jahre

ASP1 (von Seite 105)   =   174 240 DM
ASP2 (von Seite 107)   =   160 000 DM
AF   (von Seite 109)   =   1.18
DD-F (von Seite 112)   =   0,55

TNP = (174 240 + 160 000) x 0,5 x 1,18 = 197 200 DM

TMW = DD-F x TNP = 0,55 x 197 200   = 108 500 DM

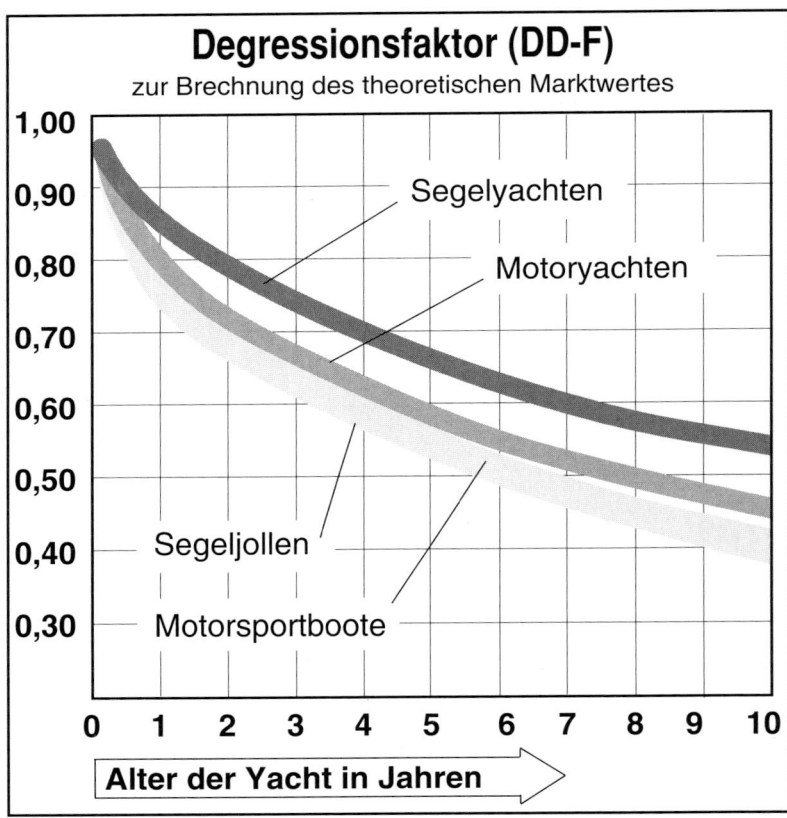

Das ist eine Degressionskurve (privat/privat), aus der man den Multiplikator für die Errechnung des theoretischen Marktwertes entnimmt, indem Sie mit dem „Alter der Yacht" senkrecht nach oben bis zum Schnitt mit der Kurve gehen und von dem Punkt aus horizontal nach links den Wert ablesen. Wenn Sie nun den theoretischen Neupreis mit diesem Faktor multiplizieren, erhalten Sie den theoretischen Marktwert. Berücksichtigen Sie auch die Faktoren auf den Seiten 108/109. Gut gepflegte Schiffe von namhaften Werften liegen an der oberenGrenze der Linien.

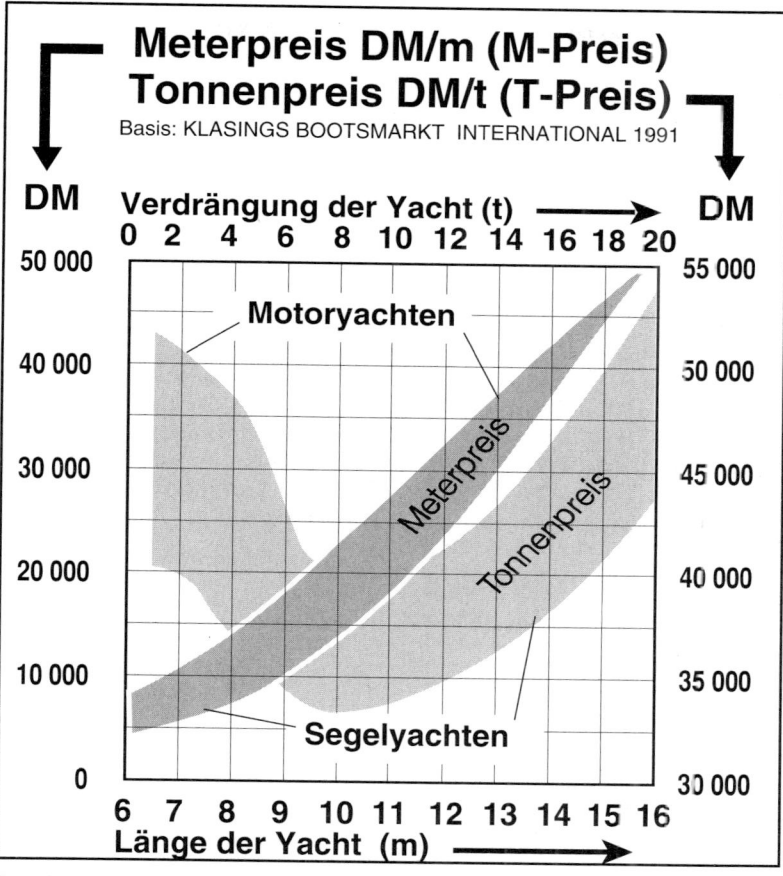

Meterpreis DM/m (M-Preis)
Tonnenpreis DM/t (T-Preis)
Basis: KLASINGS BOOTSMARKT INTERNATIONAL 1991

Verdrängung der Yacht (t) ⟶ **DM**

Motoryachten

Meterpreis

Tonnenpreis

Segelyachten

Länge der Yacht (m) ⟶

Die Grafik zeigt auf der linken und der unteren Skala die Meterpreise auf Bootslänge bezogen. Die obere und rechte Skala zeigen den Tonnenpreis auf Verdrängung bezogen.

Eine Analogie zwischen der unteren und oberen Skala besteht nicht d. h. die Verdrängung ist nicht der Länge zugeordnet. Es handelt sich um einen reinen Meter- und Tonnen-Preis.

Motorboote liegen am oberen Rand, Segelboote am unteren Rand der Felder. Stahl liegt mit dem Meterpreis bei Segelbooten ca. 20 %, bei Motorbooten ca. 25 % niedriger.

Anhang

Umfrage bei Gebrauchtboot-Händlern und Werften

Ich habe während der Recherchen zu diesem Buch 90 Firmen angeschrieben und mit einem Fragebogen versucht, etwas Gesetzmäßigkeit im Gebrauchtboot-Geschäft zu finden. 30 Firmen haben sich konsequent mit dem Fragebogen auseinandergesetzt. Ich habe die Antworten analysiert und bin der Meinung, eine gewisse Übereinstimmung gefunden zu haben. Das ist der Grund, warum ich die Ergebnisse dieser Umfrage zwar in etwas komprimierter Form, aber doch darstelle. Es sind zwar nur Durchschnittswerte, aber sie können helfen, den Marktwert für Ihr Schiff objektiver einzuschätzen.

Folgende Fragen wurden gestellt:

● Abwicklung des Gebrauchtboot-Marktes über privat oder Händler?

Der Verkauf von Motorbooten bis 8 m und Segelbooten bis 9 m wird zu 90 % über privat abgewickelt. Darüber hinaus sinkt der Privatanteil. Bei Motoryachten über 13 m und Segelyachten über 15 m liegt die Abwicklung mit etwa 80 % bei Händlern und Maklern.

● Ist ein Zeitwert für Yachten ähnlich wie beim Auto realistisch?

Die Antworten gehen von „Zeitwert nicht möglich" bis „wenn man Anhaltswerte hat wie bei wirklichen Serienbooten, dann ja".

● Wie verhält sich der Zeitwert zum Standard-Kaufpreis?

Die Antworten sind aus dem Diagramm auf Seite 18 ersichtlich. Sie streuen nicht einmal besonders. Trotzdem geht aus den Kommentaren zu den Antworten ein allgemeines Unbehagen hervor. Der Tenor: Der Ruf einer Werft, eines Konstrukteurs, der Qualitäts-Standard, der allgemeine Zustand und der Bootstyp machen nach Einschätzung der meisten ± 20 % aus. Das können bei einem Schiff für 100 000 DM 120 000 oder 80 000 sein.

Einige der Branchenkenner meinten sogar, daß diese Werte noch viel weiter auseinanderklaffen. Das beschreibt das Dilemma mit dem Zeitwert meines Erachtens am deutlichsten.

● Ab wann ist ein Sachverständiger zu befürworten?

Diese Frage wurde sehr eindeutig beantwortet. 80 % waren der Überzeugung, daß ab ca. 60000 DM aufwärts und immer, wenn es sich um kein Serienschiff handelt, das Urteil eines Sachverständigen vernünftig erscheint. Die Anmerkungen dazu allerdings waren nicht so überzeugend. Sie spiegelten eher die Zerrissenheit dieser Berufsgruppe wider.

● Welche Rolle spielen Ausrüstung und Zubehör?

Die meisten Ausrüstungsgegenstände werden einfach hingenommen, ohne sich großartig Gedanken über den Preis zu machen. Elektronik über mehrere 100 DM sollte als Extra angeboten werden, am besten vor dem Verkauf herausnehmen.
Die übliche seemännisch-nautische Ausrüstung gehört zum Schiff ohne Aufpreis.
Prinzipiell spielt aber die Ausrüstung eine Rolle, da man mit viel Komfort und guter Ausrüstung einen höheren Marktwert erzielt.

Die Grafik zeigt den geschätzten Wertverlust über 5 Jahre. Daraus ersehen Sie als Daumenpeilung, nach 2 Jahren ist Ausrüstung nur noch die Hälfte wert.

● Wieweit beeinflußt der Zustand des Schiffes den Kaufpreis, bezogen auf einen mittleren Marktpreis?

Der Allgemeinzustand des Schiffes wird sehr hoch eingestuft. Der Durchschnitt der Meinungen lag bei − 10 bis + 20 %, und zwar bezogen auf gut gemachte Eigner-Kosmetik, und bis zu 50 %, wenn beim Verkauf eine Bestätigung über die Generalüberholung durch eine namhafte Werft vorliegt.

Es wurden zwar noch eine Reihe anderer Fragen gestellt, die ließen sich aber in den Antworten nicht konkretisieren. Soweit das in Teilaspekten möglich war, wurden sie in den anderen Kapiteln dieses Buches verarbeitet.

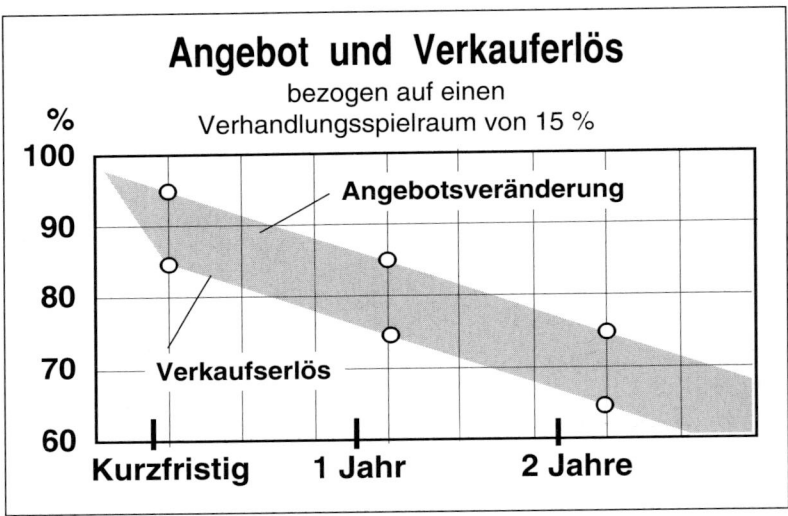

Angebot und Verkauferlös
bezogen auf einen
Verhandlungsspielraum von 15 %

Diese Kurven zeigen, wie frustrierend es ist, sein Schiff zu verkaufen, wenn der Gebrauchtmarkt dermaßen überfüllt ist wie heute.
Die Angaben der Umfrage zeigen im Durchschnitt eine kurzfristige Angebots-veränderung von − 5 %, nach einem Jahr Wartezeit eine weitere Veränderung auf 85 % und so weiter. Man geht davon aus, daß im Prinzip 10 % weniger eingenommen werden, d. h. man geht nochmal mit dem Preis 10 % runter. Lei-dermacht diese Kurve weniger her. In Wirklichkeit ist sie aber sehr typisch, da sich die prozentuale Differenz zu 100 immer aus dem für das Jahr entspre-chenden „Marktwert" ergibt.

Die Grafik rechts zeigt den Wertverlust der Ausrüstung in % vom Neupreis. ▶
Das Ganze bezieht sich nur auf Ausrüstungsgegenstände im Wert von über 500 DM, d. h. Funkpeiler, Navigationsrechner, Hilfsmotoren, Zusatzsegel, zusätzliche Elektrogeräte usw. Wie aus der grauen Fläche hervorgeht, fällt die Ausrüstung gleich nach dem Kauf auf 80 % und weniger. Nach 2 bis 3 Jahren ist sie auf dem halben Wert, und mit 20 % nach 5 Jahren kann man eigentlich die Lebensdauer der Ausrüstung begrenzen. Das trifft mit Sicherheit nicht für Elektronik und Motoren zu, sofern die Pflege einigermaßen ist.

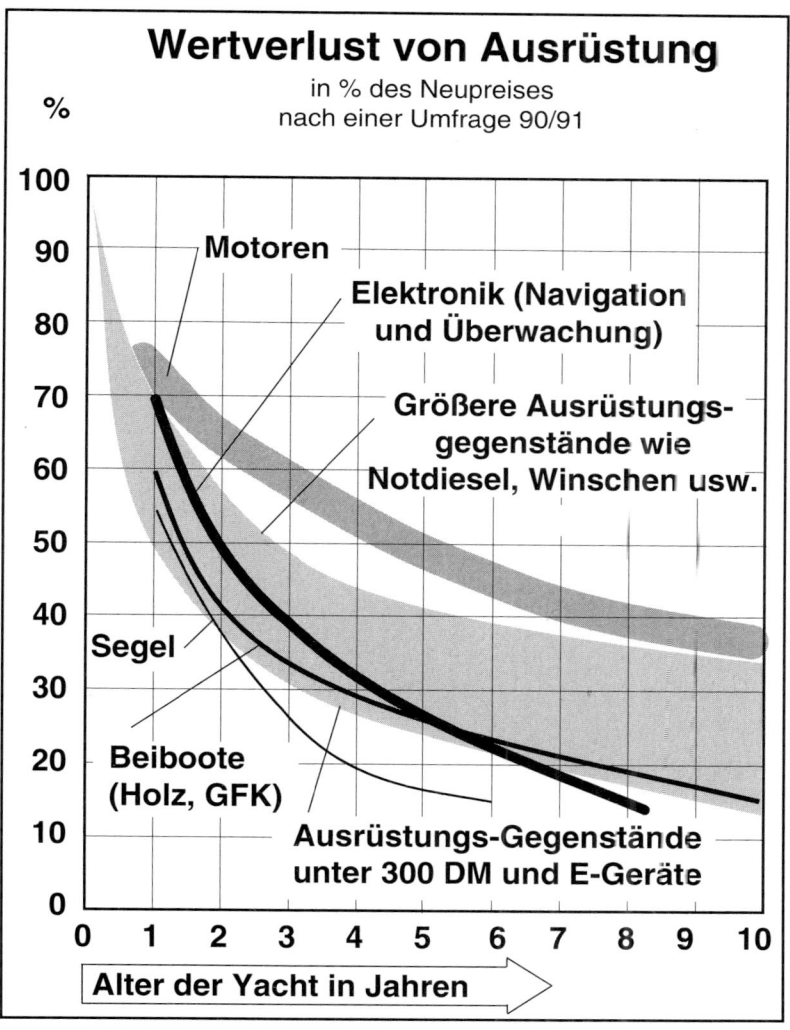

Wertverlust von Ausrüstung
in % des Neupreises
nach einer Umfrage 90/91

%

Motoren

Elektronik (Navigation
und Überwachung)

Größere Ausrüstungs-
gegenstände wie
Notdiesel, Winschen usw.

Segel

Beiboote
(Holz, GFK)

Ausrüstungs-Gegenstände
unter 300 DM und E-Geräte

Alter der Yacht in Jahren

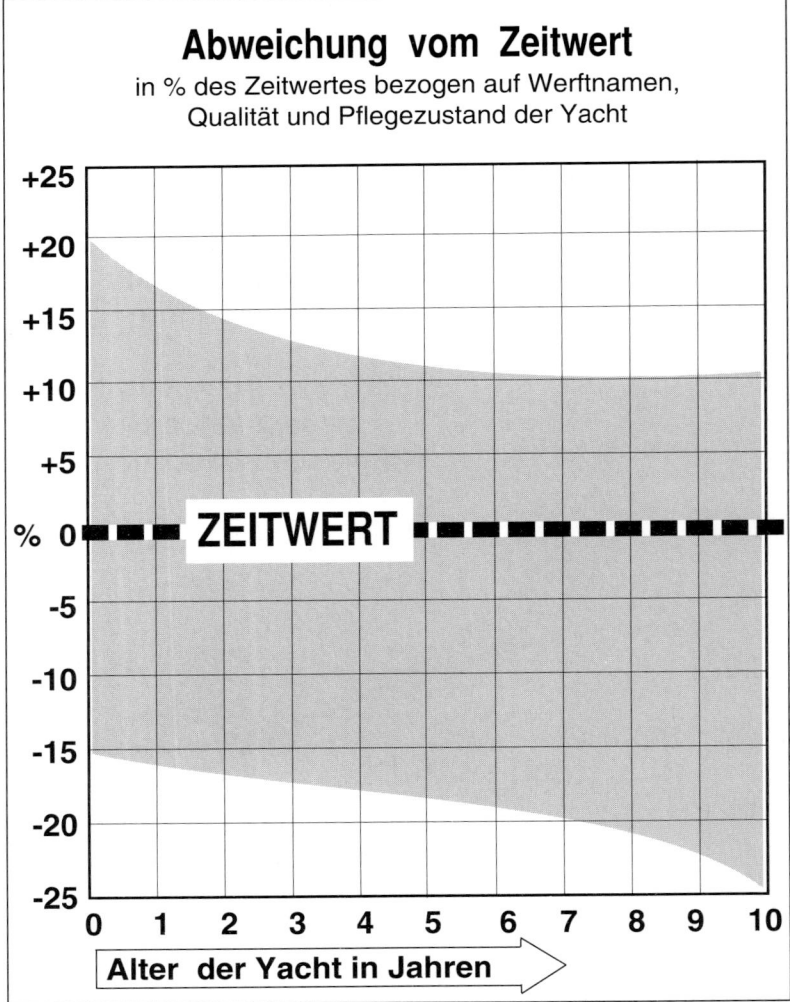

Abweichung vom Zeitwert
in % des Zeitwertes bezogen auf Werftnamen,
Qualität und Pflegezustand der Yacht

Alter der Yacht in Jahren

Durchschnittliche Abhängigkeit des Marktwertes vom Zeitwert in Bezug auf Qualität und Pflegezustand einer Yacht. Hier zeigt sich in den Antworten der Händler und Werften eine Erscheinung, die zwar logisch ist, aber einiger Erläuterung bedarf. Das Durchschnittsschiff liegt in der Null-Achse. Das bedeutet: nichtssagender Werftname, durchschnittliche Qualität und durchschnittlicher Allgemeinzustand der Yacht. Sind die Werte überdurchschnittlich, beeinflussen sie den Preis über den durchschnittlichen Marktwert hinaus, aber mit zunehmendem Alter immer weniger.

Liegen diese Faktoren aber unterhalb des Durchschnitts, dann nimmt ihre Bedeutung mit zunehmendem Alter der Yacht immer mehr zu; d. h. wenn man drei gleiche Yachten (gleicher Typ, gleicher Ausrüstungsumfang) miteinander vergleichen würde, die 10 Jahre alt sind, von denen das durchschnittlich gepflegte Schiff etwa 100000 DM bringen könnte, so bringt das gleiche Schiff in einem sehr guten Zustand 10 % (110000 DM) mehr, während das schlecht gepflegte Schiff bis zu 25 % weniger bringt (75000 DM).

Checkliste

Sie finden auf den folgenden Seiten eine Checkliste für die Besichtigung und Probefahrt einer gebrauchten Yacht.
Naturgemäß ist so eine Liste nie vollständig, deshalb sind überall freie Zeilen zur Ergänzung angehängt. In den Fußnoten finden Sie Hinweise zu der aufgeführten Baugruppe und Tips, wonach Sie suchen sollen. Nähere Erläuterungen zu den Baugruppen enthält das Kapitel Bauteil-Prüfung. Auch wenn Ihnen das eine oder andere überflüssig erscheint, es steht in diesen Listen nichts ohne Grund. Bedenken sollten Sie aber bei der Beurteilung, daß Sie ein gebrauchtes Boot kaufen.
Geschraubt, gekratzt und abgebaut wird nur mit Zustimmung des Eigners!
Denken Sie bei der Besichtigung und bei der Probefahrt immer daran, daß es nicht Ihr Schiff ist, und was Sie möglicherweise im umgekehrten Fall empfinden würden.

Allgemeine Daten

Besichtigung der Yacht:	
Datum:	Ort:
Gesprächspartner (Eigner, Beauftragter, ...):	
Name:	Straße:
Ort:	Telefon:
Eigentumsnachweis[1]):	
Bootstyp:	
Werft:	
Konstrukteur:	
Baujahr:	

[1]) *Der Eigentumsnachweis ist beim Kauf sehr wichtig, da auf diesem Sektor sehr viel Unfug getrieben wird. Als hundertprozentiger Eigentumsnachweis gilt eigentlich nur die Eintragung ins Schiffsregister. Der Flaggenausweis ist auch relativ sicher. Kaufverträge und Rechnungen zusammen mit Verbands- oder Vereinszertifikaten und einer Versicherungspolice (mit Vergleich der Personalien im Kaufvertrag, dem Zertifikat und denen des Gesprächspartners) kann man im allgemeinen auch akzeptieren. Wenn aber irgendwas verdächtig ist, Vorsicht!*

[2]) *Unter „Sonstiges" sollte alles eingetragen werden, was nicht niet- und nagelfest ist und zum Angebot gehört, also alle Extras wie zusätzliche Segel, elektronische Ausrüstung und loses Zubehör.*

[3]) *Wenn über Sondervereinbarungen gesprochen wird, sollte man alles schriftlich festhalten.*

[4]) *Sehr früh schon sollte man sich über die Zahlungsart klar werden (Scheck, bar, Anderkonto).*

[5]) *Auch die Vertragsform sollte man sehr früh klären, ob man z. B. einen normalen Kaufvertrag relativ formlos, nur mit der Anmerkung „wie besehen" akzeptiert oder Vordrucke der Bundeswirtschaftsvereinigung für Freizeitschiffahrt oder des Boots- und Schiffbauerverbandes wählt usw.*

Technische Daten

Länge (Rumpf)	m
Breite	m
Tiefgang	m
Verdrängung (CWL)	t
Segelfläche (a. W.)	m^2
Motor (Diesel, Benzin)	
Leistung	kW
Drehzahl	min.
Propellermaße (D × P)	
Höchstgeschwindigkeit (Mot.)	kn
Kraftstofftank (Inhalt, Material)	l
Trinkwassertank (Inhalt, Material)	l

Sonstiges[2]:

Sonderabsprachen[3]):

Zahlungsart[4]):

Vertragsform[5]):

Beurteilung der Qualität und des Pflegezustandes

Mit der Verteilung der positiven Attribute im Bereich der Qualität und des Pflegezustandes sollte man sehr sparsam sein (siehe auch Seite 118). Der theoretische Marktwert, wie er hier berechnet wird, basiert auf guter, wirklich solider Qualität. Das heißt, ein Mahagoni- oder Teakausbau bedeuten keine Qualitätssteigerung des errechneten Wertes. Zu Buche schlägt allerdings ein z. B. nachträglich verlegtes Stabdeck, das den Preis mit 3 bis 5 % (je nach handwerklicher Qualität) anheben würde (der Faktor: 1,03−1,05), oder wenn neue Motoren nachgerüstet wurden, bzw. nach Mastbruch das Rigg durch ein neues ersetzt worden ist.

Der Pflegezustand ist ebenfalls so bemessen, daß bei normalem (wirklich gutem) Pflegezustand der Wert gleich 1,0 ist. Ein Superpflegezustand kann allerhöchstens 5 % (1,05) ausmachen. Sehr schlechter Pflegezustand hingegen bringt −20 % (0,8).

Auch wenn es sehr fiktiv wirkt, so kann man über den Daumen in der Checkliste 10 Pluszeichen als 1 % Aufwertung (1,01) und 10 Minuszeichen als minus 2 % (0,98) in den Anpassungsfaktor einsetzen.

Die Schwierigkeit in der Qualitätsbeurteilung liegt in der Festlegung des Niveaus und der Abschätzung „. . . dem Alter entsprechend in Ordnung".

+ = Man sollte das Pluszeichen verwenden, wenn alles untadelig und unverbraucht aussieht.

0 = Die Null sollte man verwenden, wenn das Bauteil, die Baugruppe oder das Gerät funktionieren, aber eben alles dem Alter entsprechend verbraucht aussieht.

− = Das Minus sollte man verwenden, wenn Verschleißerscheinungen, Oberflächenschäden und andere Abnutzungserscheinungen, die über das übliche Alter hinausgehen, zu sehen sind.

Rumpf-Außenseite

Unterwasserschiff	Bemerkungen/Beurteilungen	+ 0 −
Oberfläche[1])		
Kiel		
Kielwurzel, -flansch		
Welle		
Propeller		
Ruder		
Auspuff, sonstige Rumpfdurchtritte		
Nässende Stellen n. einigen Stunden		
Bordwände		
Oberflächen[1])		
Beschläge wie Badeleiter,		
Austritte von Seeventilen usw.		

[1]) *Sie suchen nach Runzeln, Blasen, Rissen, Kratzern, Unebenheiten von Reparaturen und nach galvanischer Korrosion.*

Deck und Aufbau	Bemerkungen/Beurteilungen	+ 0 −
Oberflächen		
Beschläge [1])		
Seereling		
Fenster		
Luken		
Türen		

[1]) *Richtige Plazierung und Funktionalität der Beschläge, Größe, Befestigung. Material- und Oberflächenschäden dicht am Beschlag (Rost, quellendes Material oder Fäule) usw.*

Rumpf innen	Bemerkungen/Beurteilungen	+ 0 −
Materialverbindung [1])		
Schotten/Außenhaut		
Spanten/Außenhaut		
Spanten/Schotten		
Stringer/Außenhaut		
Längsschotten/Hilfsspanten		
Querschott/Längsschott		
Materialschäden[2])		
Bilgebereich		
Bereich über Wasserlinie		
Deckinnenseite		
Aufbauinnenseite		
Spuren von Leckagen[3])		
Rumpf/Deckverbindung		
Püttinge		
Seeventile, Stevenrohr, Rohrleitungen		
Ruderkoker		
Beschläge		

[1]) *Zu überprüfen ist bei Kunststoffschiffen, ob das Laminat an den Schotten hält, bei Holz-schiffen die Verleimungen in Ordnung sind, bei Stahlschiffen die Schweißnähte und Verschraubungen geplatzt oder verrostet sind.*
[2]) *Hier geht es wieder um Oberflächenschäden, Bruch, Fäule, Ermüdung, falsche Verarbeitung, galvanische Schäden.*
[3]) *Spuren von Leckagen äußern sich als Oxydationskristalle, staubige Schlierer und aufgequollenes Material.*

Elektrik	Bemerkungen/Beurteilungen	+ 0 −
Batterien[1]) (Baujahr, Plattenzustand, Polklemmen)		
Hauptschalter		
Kabeldurchmesser, Kabelzustand		
Oxydation an Steckverbindungen		
Elektroverteilung[2])		
E-Aggregate (Pumpen, Motoren usw.)		
Lampenschalter		
Positionslampen, Ankerlaterne		

[1]) *Wenn das Baujahr der Batterien älter als drei Jahre ist, und es sich nicht um Sonderbatterien handelt (Panzerplatten usw.), kann man sie gleich von der Liste streichen.*

[2]) *Eine Elektroverteilung soll das Bordnetz in eine vernünftige Anzahl von Stromkreisen teilen, z. B. Beleuchtung/Bb, Beleuchtung/Stb usw., d. h. bei einem mittleren Kreuzer entsprechen 10 bis 12 Stromkreise dem Stand der Technik. Daneben sollte man die Elektroverteilung aufmachen und sich die Hinterseite genau ansehen. Da kann man nämlich sehr leicht Leckage- und Oxydationswunder sehen. Wenn die Kupferleiter schwarz sind und diese Schwärze in die Isolierung hineingeht, ist das ein ziemlich negatives Zeichen. Diese Kontrolle sollten Sie auch bei der Motorelektrik (Rückseite Motorpaneel) durchführen.*

Elektronik	Bemerkungen/Beurteilungen	+ 0 −
Radio		
Antennen		
UKW		
Navigationscomputer		

Bei der Kontrolle der Elektronik geht es für den Laien um eine reine Funktionsprüfung, um die Überprüfung der Zuleitungen. Wenn diese wacklig sind und vergammelt, sollte man bei der Bewertung mindestens eine Null, wenn nicht sogar das Minus eintragen.

Motorwelle, Stevenrohr	Bemerkungen/Beurteilungen	+ 0 −
Motorblock		
Aggregate (Generatorpumpen usw.)		
Rohre, Schläuche, Verschraubungen		
Elektrik		
Mechanik (Schaltung; sonstige bewegte Teile)		
Motorwanne (-bilge)		
Motorfundament		
Motorraumisolierung		
Be- und Entlüftung		
Stevenrohr und -buchse		
Welle und Wellenkupplung		
Auspuff; Schalldämpfer; Wassersammler		
Vorfilter, Wasserabscheider		
Tank, Kraftstoffleitungen		

Hier geht es im Prinzip darum, äußere Verschleißerscheinungen, Leckagen usw. festzustellen, um Rückschlüsse auf den Pflegezustand und den Umgang mit dem Motor zu ziehen. Zusammen mit dem Probelauf (siehe Probefahrt) ergibt sich entweder Unbedenklichkeit, oder man muß einen Fachmann zu Rate ziehen.

Mast, Verstagung, Segel	Bemerkungen/Beurteilungen	+ 0 −
stehendes Gut[1])		
Wantenspanner[2])		
Püttinge[3])		
Beschläge am Mast[4])		
laufendes Gut[5])		
Winschen[6])		
Segel[7])		

[1]) Die Drähte an den Terminals überprüfen und insgesamt checken, ob Einzeldrähte gerissen sind. Solche Stagen müssen erneuert werden. Prüfen Sie das stehende Gut auch auf Rostspuren (auch Edelstahl „rostet" durch Flugrost und FE-Einschlüsse).

[2]) Prüfen, ob Gewinde verbogen waren oder verrieben sind.

[3]) Befestigung der Püttinge und Abdichtung im Deck ist wichtig.

[4]) Edelstahlbeschläge am Mast (ohne Dichtung) führen leicht zur Oxydation. Prüfen Sie die Ränder um die Beschläge.

[5]) Angescheuerte Fallen sind unbrauchbar, sind die Rollen noch ckay, halten die Stopper?

[6]) Winschen auch unter Last prüfen.

[7]) Die Prüfung der Segel sollte man bei der Probefahrt vornehmen. Dann braucht man nicht die Lieken zu messen usw.

Einbauten, Möbel, Polster	Bemerkungen/Beurteilungen	+ 0 –
Schotten, Wände, Türen		
Türdrücker, Scharniere, Türstopper		
Polster (auch Unterseiten)		
Pantry-Funktionalität		
Kocher		
Spüle		
Kühlschrank		
Luftabzug		
Belüftungssystem der einzelnen Sektionen		
Belüftung der Stauräume		
Navigationstisch-Funktionalität		
Möbelmaße		

Hier geht es wieder darum, Oberflächenschäden zu finden und vor allen Dingen, zu überprüfen, ob irreparable Schäden vorhanden sind, und das Sperrholz für die Möbel wasserfest verleimt ist, ob das Deckfurnier des Sperrholzes nicht nur 0,2 mm dick ist, und ob die Funktionalität und die Hauptmaße der Möbel und Kojen in Ordnung sind, d. h., Sie sollten sich auch einmal in die Hundekoje legen, und natürlich die Pantry in den einzelnen Funktionen überprüfen usw.

Stichwortverzeichnis

Die **YACHT-BÜCHEREI** ist die preiswerte Bibliothek für eingehendes Fachwissen auf vielerlei Spezialgebieten. Diese Bände sind lieferbar:

Die Bibliothek wird laufend erweitert. Fragen Sie bitte Ihren Buchhändler, und beachten Sie unsere Ankündigungen.

 **Delius Klasing Verlag**